# 知的障害のある人たちと「ことば」

「わかりやすさ」と情報保障・合理的配慮

打浪文子

生活書院

# はじめに

## ◆「ことば」の「わかりやすさ」・「わかりにくさ」とは

　あなたには、区役所・病院・銀行・法律関係などで手続きをする際、書類や説明のわかりにくさに頭を悩ませた経験はないでしょうか。また、何かの会議や話し合いに参加する時、資料が外国語や専門用語だらけだったらどうでしょうか。そんな場面に出会った時、「誰か、わかるように説明してください」と言いたくなりませんか？

　知的障害のある人たちは、そのようなことばのむずかしさと、その場からの疎外を日常生活において常々感じているといわれています。情報認知や理解、意思疎通やコミュニケーションにむずかしさを抱える知的障害のある人たちにとって、一般的な文章表現や表記はわかりやすいものではありません。

　しかし、それは単に文章や内容がむずかしいからなのでしょうか？——これがこの本を貫く問いです。

　わたしたちでもむずかしさを感じる例を冒頭に出したように、大抵の場合は「読み手に適したかたち」になっていないことがほとんどです。

　これまで、知的障害のある人たちがさまざまな情報に「直接」アクセスすることは、日本の社会においてほとんど想定されてきませんでした。実際、情報通信機器を使用する際や日常生活における情報伝達において、知的障害のある人たち自身が情報アクセスの「主体」であるということは、本人にも支援者や家族にも意識されにくい状況にありました。情報伝達やコミュニケーションがむずかしければ、家族や支援者が代読・代筆や意思

伝達をすればよいという考えが主流であったからです。ですが、知的障害のある人がいつでも家族や支援者から援助を得られる状況にあるわけではありません。時には、家族や支援者こそが意識的・無意識的に情報伝達やコミュニケーションを妨げてしまう場合もあります。

## ◆知的障害のある人たちのニーズ

　知的障害のある人たちに「わかりやすい」情報や、一人ひとりに適したかたちのコミュニケーションが必要であることは、もちろん長らく認識されていました。「情報支援」や「コミュニケーション支援」ということばがあるように、知的障害のある人たちへの意思疎通・意思伝達のための支援や、一人ひとりに適した情報提供やコミュニケーションのあり方は模索が続けられてきています。

　日本国内では、「本人活動」[1]（穂積 2007）と呼ばれる知的障害のある人たち自身による活動の高まりとともに、少しずつ「わかりやすさ」へのニーズが表明されるようになってきました。さらに、2000 年前後からようやく、知的障害のある人たちへの「わかりやすい」情報提供を求める支援者・当事者の声（本間 1999、岩本 2003、新潟・本人主張の会あすなろ 2008、土本 2011）が、はっきりとあがるようになりました。

　「自分たちは　かんがえても　うまくひょうげん　することが　むずかしい。
　　どこが　人と　ちがうのか　あいてに　つたえることが　むずかしい。
　　おや　まわりの人の　つごうで　ふりまわされている。

　　自分たちが　どうやって　わかりやすい　じょうほうを　もらい　けいけんをし、たっせいかんを　えていくかです。

そのために　じょうほうの　バリアを　なくして　ほしい。
　それが　ごうりてき　はいりょ　です」（土本 2011: 33、原文ママ）

　引用した文章は、知的障害のある方によるものです。
　時事情報等の公共性の高い情報だけでなく、障害のある人の生活に具体的に影響のある政治や社会の動き・福祉サービスの変化・個別支援計画や契約書類の詳細・成年後見制度など、知的障害のある人たちの生活に必要な情報は多いはずです。しかし、その人の人生や生活に大きく関わる話題であっても、時に「むずかしいから」という理由で当事者を飛び越えて説明が行われるという現実があります。そうした現状に対して上記のように、知的障害のある本人や支援者から「わかりやすい」情報提供を求める声が上がりはじめているのです。
　こうしたニーズを受けて、知的障害のある人たちの読書ニーズに関する調査や読書環境改善へのとりくみなど（藤澤・服部 2009）、情報を知的障害のある人たちにとってアクセシブルなかたちへ変える必要性が主張されてきました。しかし、これまで長らく情報格差を強いられてきた知的障害のある人たちの情報環境の整備は、社会的に早急な対応が必要な課題であるにもかかわらず、学術的にも社会的にもこれまでほとんど着手されていません。
　2013 年 6 月、「障害を理由とする差別の解消の推進に関する法律」（以下、「障害者差別解消法」）が制定され、2016 年 4 月 1 日から施行されています。この法律の中では、障害を理由とする「不当な差別的取り扱い」の禁止に加えて、「合理的配慮」を行わないこと（「合理的配慮の不提供」）も差別にあたるとされました。知的障害のある人たちにとっての合理的配慮を考える時、情報をわかりやすくすることや、丁寧な説明を行ってくれる人を配置することなどは、合理的配慮の一つのかたちだと考えられます。実際、政府関係の広報においては、わかりやすい資料の作成とウェブサイトへの

掲載が少しずつ見られるようになってきました。しかし、提供される情報は、障害のある人に関連の深い法律の整備や政策提示に関する内容に限られています。

　また、各自治体や支援・サービスの提供者が個別に本人向けの支援やサービスに関する「わかりやすい」資料を作成していることもありますが、社会全体を見た時、未だ知的障害のある人にとって「わかりやすい」情報提供は普及しているとはいえないのが現状です。

## ◆教育学・社会福祉学と異なるアプローチから

　知的障害のある人たちのこうした問題に、これまで取り組みはほとんどなかったのでしょうか？　もちろんそうではありません。

　知的障害といえば、すぐに「特別支援教育」が浮かぶのではないでしょうか。また、「障害者福祉」という用語が示すように、社会福祉の領域にも多くの取り組みがあるではないかと言われるでしょう。

　とくに特別支援教育は、知的障害児に対してのコミュニケーションや、学習面での「わかりやすさ」に関して、多くの工夫を重ねてきています。その蓄積は、一人ひとりの事例研究まで数えれば、膨大な量になると言えるでしょう。例えば情報の認知に困難がある自閉症スペクトラム障害の子どもに対して、視覚情報で補う代替コミュニケーションなどには有名なものもあります（TEACCHプログラムなど）。視覚的に理解しやすい教材や教授法の追究も、その関連で多数なされています。

　この本は、それらの蓄積を無視するものではありません。しかし、上記の成果は「学習」という面から捉えられ、それらの成果は理解度調査や学習効果の向上という観点から測られることになりがちです。また、「情報教育」が2000年代に入り積極的に取り組まれていますが（亀井・大城2006など）、やはりこれも教育者がどのように何を教えるのかに主眼があ

り、評価も教員主体なものとなっている側面があります。当事者の主体性や、当事者の「わかりやすさ」の実感に沿ったものであるかどうかは検討の余地があります。

　では、福祉の領域はどうでしょうか。ここには一つ、問題がひそんでいます。
　例えば、情報保障という用語は福祉の領域で用いられてきたものではなく、当事者のことばとして発せられたという背景を持っています（詳しくは後述します）。ですが、これを福祉の領域や、福祉的観点から考えると、情報を伝えることやコミュニケーションのサポートは、日常のさまざまな援助や支援の一つとして位置づけられることになります。
　情報提供における情報「支援」という用語が示すように、これまでの社会福祉学では、支援者が知的障害のある人たちへの情報伝達をいかに担うかに主眼がありました。支援者が、「何を」「どう」（つまり選んで）伝えるのか、ということです。これらは援助や支援を通して行われることの一部であり、知的障害のある人たちを「支援」する中に情報伝達の全てが含まれることとなります[2]。その結果として、知的障害のある人たちの一人ひとりの生活において、どのような情報が届けられているのかは偏りを有する状態にあるといえます。従来の福祉的な考え方が根深かったころから、知的障害のある人たちが「直接」アクセスできることを念頭に置いた「わかりやすい」情報提供について問いが立てられること自体がこれまでほとんどなかったのです。本来、社会の側や情報の発信元が負うべき課題が不可視化されてきたといえるでしょう。日本国内において、知的障害のある人たちにとってのアクセシブルな情報提供に関する学術的蓄積が少ないのはこの点ゆえと考えられます。

　この本でこれから述べることは、──知的障害のある人たちと多くの接

点のある特別支援教育学・社会福祉学・心理学等に関する知見はもちろん参照しますが——、それらとは立ち位置を異にするものであると強く言っておきたいと思います。

　特別支援教育では、知的障害児の言語認知と読み書きに関する実践知や、読み書きのレベルの測定、指導法等の有益な教育的知見が数多く積み重ねられていますし、社会福祉学では、知的障害のある人たちの日常生活を支える意思決定支援のあり方や、情報伝達における支援のあり方が追究されています。ですが、「教育」及び「支援」は知的障害のある人たちを研究の対象者として固定し、知的障害のある人たちを「教育」すべき存在、そして「支援」すべき存在としてきた側面があります。

　これからこの先で述べることは、知的障害のある人たちがどのように文字を読んでいるか、またどのような教育・支援方法があれば読解テストのスコアが上がるかという、知的障害のある人たちの言語的な位置づけを固定化させるかたちでの問いを立てるものではありません。教育や支援の必要性は確かにあります。その上で、ことば（文字情報やコミュニケーション）を、単に「できる」「能力が高い」という観点だけで測らないことの大切さと、文字やコンテクストの強者たちの「ことばができる」ことに価値があるという文化や社会的風潮に対して、問いを投げかけていきたいのです。そしてこの本で、社会全体で共有できるような「わかりやすさ」の必要性とそのあり方を明らかにすることを通じ、知的障害のある人たちの多様な表現と共にあることのできる社会のあり方を考えていきたいのです。

## ◆この本のなりたち

　この本は、このような社会のあり方に対して問題提起を行うとともに、世の中にある「わかりにくさ」や一般的な「わかりやすさ」は何なのかということを、知的障害のある人たちの視点に学びながら考えていくことを

目指したものです。

　この本は二部構成です。第一部は、「わかりやすさ」の必要性について考えていきます。

　まず第1章では、知的障害のある人たちと「ことば」の関係性に着目します。知的障害のある人たちの「ことば」、「情報」「コミュニケーション」はどのように意味づけられているのかを、「障害学」や「社会言語学」における障害やことばに関するいくつかの概念に照らして論じます。第2章では、障害のある人たちの情報保障がどのように考えられているかを見ていきます。そして、知的障害のある人と情報保障の関係性を考えます。さらに、第3章では、「わかりやすい情報」に関する国内外の動きや先行研究などを確認します。

　第二部は、「わかりやすさ」を作ることや、「わかりやすさ」を広げることについて考えていきます。

　第4章では、実際にわかりやすい情報提供の実践を行っていた団体と媒体の調査に基づいて考えていきます。「みんなが読める新聞『ステージ』」という、1996年から2014年まで社会福祉法人全日本手をつなぐ育成会から発行されていた知的障害のある人向けの新聞「ステージ」の編集過程から、「わかりやすさ」「わかりにくさ」について考えます。「ステージ」の創刊からの意義と、編集場面の録音調査から考えられる「わかりやすさ」や「むずかしさ」について迫ってみたいと思います。第5章では、知的障害のある人たちにとっての「わかりやすさ」と、他の言語的なむずかしさを持つ他の人々との共通性を考えてみたいと思います。とくに、外国人向けの〈やさしい日本語〉との接点を検討した上で、「情報のユニバーサルデザイン」について考えます。第6章では、「わかりやすい」ことば・情報・コミュニケーションは、今後どのようなかたちで社会に必要なのかを踏まえ、知的障害のある人たちにとっての「わかりやすさ」が合理的配慮として広まっていくための今後の課題と展望を考えます。

この本では、知的障害者のことを、「知的障害のある人たち」と記します。これは、「知的障害」そのものを議論の対象にしていること、知的障害はその人の属性の一つでしかないこと、知的障害を持つ一人ひとりという個人を大切にしたいという考えからです。なお、専門用語や法律・条例・固有名詞・引用等の場合は、そのままの名称で使用しています。

　また、この本では、文字情報での受発信だけでなく、広い意味でのコミュニケーションを含んで、情報伝達・コミュニケーション全体を「ことば」と表記しています。


■注
1　「本人活動」は「本人による、本人のためのグループ活動」であり、決定権の所在は当事者にあり、それ以外の人々は支援者としてかかわるものです。自らが主体者として活動し感情を共有する場であり、自分たちの生活の権利を主張し、仲間とともに人生設計を行う場でもあるゆえに「セルフ・ヘルプ」機能、「セルフ・アドボカシー」機能を備えた場であるとされています（保積 2007）。
2　特別「支援」教育の中にも、「支援」は福祉が持つ意味に近い概念として存在し、教育から外在化されていることが指摘されています（金澤 2013）。

# 知的障害のある人たちと「ことば」
## 「わかりやすさ」と情報保障・合理的配慮

### 目次

はじめに
- ◆「ことば」の「わかりやすさ」・「わかりにくさ」とは　3
- ◆知的障害のある人たちのニーズ　4
- ◆教育学・社会福祉学と異なるアプローチから　6
- ◆この本のなりたち　8

## 第一部　「わかりやすさ」の必要性を考える

### 第1章　知的障害のある人たちと「ことば」
―情報伝達・コミュニケーションに意味づけられたものをめぐって

- ◆知的障害とは何を指すのか　16
- ◆知的障害のある人たちと「ことば」――言語／非言語・コミュニケーション　18
- ◆知的障害のある人たちと「ことば」の関係性　21
- ◆知的障害と障害の「社会モデル」　24
- ◆知的障害と「言語権・言語差別」　27
- ◆「ことば」へのニーズに応えるために　33

### 第2章　知的障害のある人たちと情報保障

- ◆障害のある人たちの情報保障・コミュニケーション支援に関する世界的な動き　39
- ◆国内の動き　41
- ◆情報バリアフリー　43
- ◆情報バリアフリーにひそむ問題点　44
- ◆情報保障とは　47
- ◆情報支援から情報保障へ　50
- ◆知的障害のある人たちの情報保障における課題　53

## 第3章　知的障害のある人たちと「わかりやすい」情報提供

◆「ことばのむずかしさ」という問題のとらえ方　*59*
◆「わかりやすい」情報提供に関する現状　*60*
◆「わかりやすい」情報提供に関する先行研究の整理　*66*

## 第二部　「わかりやすさ」を作る・広げる

## 第4章　「わかりやすさ」を作る
―「みんながわかる新聞『ステージ』」を例に

◆みんながわかる新聞「ステージ」　*78*
◆「ステージ」の「わかりやすさ」　*80*
◆「ステージ」の意義と課題　*81*
◆「ステージ」の編集過程に着目して　*82*
◆知的障害のある人たちにとってむずかしい語彙　*84*
◆知的障害のある人たちにとっての「わかりやすさ」・「わかりにくさ」とは　*87*

## 第5章　「わかりやすさ」を広げる
―〈やさしい日本語〉との接点から

◆「わかりやすい」日本語に関わる領域　*92*
◆「わかりやすさ」のルールの比較　*94*
◆知的障害のある人たちへの〈やさしい日本語〉の応用可能性　*98*
◆「情報のユニバーサルデザイン」　*100*
◆「情報のユニバーサルデザイン」の課題　*103*

## 第6章 「わかりやすさ」の普及を目指して

- ◆支援の場における「わかりやすさ」 *107*
- ◆「情報のユニバーサルデザイン」を進めるために *109*
- ◆「わかりやすい情報センター」の必要性 *111*
- ◆知的障害のある人たちへの読み書き支援・読書支援 *113*
- ◆知的障害のある人たちの情報発信の多様化 *114*
- ◆知的障害のある人たちの「ことば」を受け取るときに *116*


おわりに
- ◆合理的配慮としての「わかりやすい」情報提供・コミュニケーション支援 *121*
- ◆「わかりやすさ」とは何なのか *124*

「わかりやすい版」について *129*
わかりやすい版「知的障害のある人たちと『ことば』」 *130*

お礼など *137*
この本のもとになった研究について *139*
参考文献 *140*
さくいん *155*

第一部
「わかりやすさ」の必要性を考える

## 第1章
## 知的障害のある人たちと「ことば」
——情報伝達・コミュニケーションに意味づけられたものをめぐって

　この章では、知的障害と「社会」及び「言語」のあり方を、それらの関係性に着目しながら考えていきます。まず、「知的障害」とは何なのか、そして知的障害と「ことば」の関係性について、障害に関する諸学や社会言語学のいくつかの概念を借りながら検討し、知的障害のある人が置かれている状況が、非常に複合的な「ことば」の困難の下にあることを明らかにします。

### ◆知的障害とは何を指すのか

　あらためて、知的障害とはいったい何なのでしょうか。一般的にはどう考えられ、どう扱われているかを確認してみましょう。
　知的障害は、一般的には知的な遅れを示すものの総称であるとされています。その中には染色体異常や遺伝的形質によって知的な遅れを伴うものも含まれ、その用語が指す範囲は非常に広いものだと考えられています[1]。
　知的障害を定義する代表的なものに、アメリカ精神医学会による分類（Diagnostic and Statistical Manual of Mental Disorders, 以下DSM）があります。DSMの定義や分類は、医療的側面からの行動特徴等に基づくものであるとされます。例えばDSM-Ⅳでは、おおよそ知能指数（Intelligence Quotient, 以下IQ）が70以下であり、意思伝達、自己管理、家庭生活、社会的／対人技能、社会的資源の利用、自律性、発揮される学習能力、仕事、余暇、健康、安全の2つ以上の領域で、適応できない、あるいは適応でき

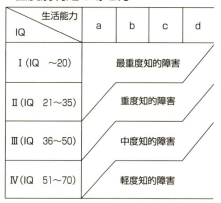

図1：知的障害の判定基準
厚生労働省　ホームページより
https://www.mhlw.go.jp/toukei/list/101-1c.html

にくい状態と定義されていました[2]。DSMは2013年にDSM-Vに改定され知能指数の基準はなくなりましたが[3]、IQは日本の知的障害の判定や診断の基準に今も影響を与えています。

　一方、国内法における知的障害の定義は、知的障害の多様性ゆえに存在していません。1960年の知的障害者福祉法[4]の成立の際に、知的障害の判定方法及び基準が統一されるまで定義を設けないことにしたといわれており（松友1999）、それが現在まで続いています[5]。とはいえ、福祉サービスの需給のためには何らかの基準が必要になります。そこで現在では、「知的機能の障害が発達期（おおむね18歳まで）にあらわれ、日常生活に支障が生じているため、何らかの特別の援助を必要とする状態にあるもの」とする厚生労働省の定義が幅広く使用されています[6]。現在の知的障害の判定には、**(a) 知能指数**と、**(b)「日常生活能力」**の2つの基準が用いられます。知能指数は、標準化された知能検査によって知能指数がおおむね70以下、(b)の日常生活能力は、自立機能、運動機能、意思交換、

探索操作、移動、生活文化、職業等の到達水準が総合的に同年齢の日常生活能力基準に劣るものとされています。この（a）と（b）の程度によって、最重度・重度・中度・軽度というかたちで判定されます[7]。

国内外を含めさまざまな定義がありますが、現在の社会において、いずれの場合もその診断や判定において個人の「能力の欠如」とされる傾向にあること、日常生活に「援助」を必要とすることが前提とされていることが確認できます[8]。

## ◆知的障害のある人たちと「ことば」
―― 言語／非言語・コミュニケーション

日本国内在住の知的障害のある人たちは、大多数が第一言語として日本語を話し、日本語を聞く環境に生まれ育ちます。基本的に、コミュニケーションには日本語が用いられます。

知的障害が軽度や中度と判定される人の中には、日常生活上のコミュニケーションにはあまり問題がなく、文字の読み書きも生活上で必要とされるものは可能な人もいます。なので、特別な支援はなく通常学級に通ったり一般企業で働いたりしている人もいますが、日常的な会話は問題なくても、抽象度の高いことや物事の仕組みなどを理解するのに時間のかかる人が多くいます。書くことや計算、複雑な仕組みや抽象的な概念の理解などが苦手と

図2：コミュニケーションボードの例
公益財団法人　明治安田こころの健康財団ホームページより
http://www.my-kokoro.jp/communication-board/pdf/
communication_board_original.pdf

いうのが障害の特性としてあげられています。また、人と対面するとひどく緊張して話せなくなったり、自分が関心あることをたくさん話してしまうなど、コミュニケーションの偏りを有する人がいます。このように、ひとくくりに「知的障害」と呼ばれてはいますが、知的障害のある人たちのコミュニケーションの様子は非常に多様です。

　ですが、障害が重度で「ことば」を持たないとされている人々や、他者との交流やコミュニケーションにむずかしさを有する自閉症スペクトラム障害を伴う場合は、その障害特性ゆえに言語の理解や運用が充分ではないとみなされる場合が多々あります。とくに、言語の運用や理解は個人差が大きいとされており、例えば、言語の獲得や理解は非常に早いものの、それがコミュニケーションの場面ではほとんど発揮されない人もいます。また、「障害」の程度にもよりますが、言語外のコミュニケーションに健常者同士のコミュニケーションより比重がおかれることも多々あります。さらには、日常的なコミュニケーションツールとして言語を用いず、コミュニケーションカードや指さし等のみで意思疎通する人もいます。とくに、「重度」知的障害と呼ばれる人たちの表現パターンは、視線や指差しによる訴えとそれらに沿った発声など、言語を媒介しないものが主流であることが多いのです[9]。

　また、知的障害のある人たちは視覚優位の傾向を持つ人が多く、情報伝達やコミュニケーションに絵カードやシンボル、絵文字（ピクトグラム）などが用いられることがあります。主にカナダやアメリカを中心として、障害児教育から発展した視覚シンボルの開発が進められてきており、自閉症スペクトラム障害のための療育プログラムなどには視覚優位の特性を生かした情報伝達やコミュニケーションの方法が取り入れられています。コミュニケーションの促進を目的とした漫画的手法を取り入れたコミック会話や絵カードの使用など（グレイ 2005、ボンディ・フロスト 2006、ギャニオン 2011 など多数）、知的・発達障害を有する子どもの意欲を高めるような支援

技法が開発され実践されています。国内でも、絵文字やピクトグラムの開発や普及が進められています。例えば、藤澤和子が中心となって、カナダで使用されている視覚シンボルであるピクトグラム（PIC）の日本語版が作成されています[10]。実際に情報機器使用の場面において知的障害のある人たちの間でピクトグラムを使用したメールのやりとりの試みを行ったり（藤澤・清田・中山 2005）、視覚シンボルによるメッセージ理解の効果を検証したりするなど（藤澤 2008）、絵文字やシンボルによるコミュニケーションの可能性の追究と実践も積み重ねられています。実際、知的障害のある人の情報伝達として、絵カードやコミュニケーションカードなどは、特別支援学校や障害者施設等で活用されています。知的障害特別支援学校での絵カードやコミュニケーションカードやコミュニケーションボード等の使用率は、とある調査によれば90％を超えています（藤野・盧 2010）。

　このような、知的障害や発達障害のある人たちの情報伝達やコミュニケーションにおける視覚情報等の補助の方法を「補助・代替コミュニケーション」（Augmentative and Alternative Communication、以下 AAC）といいます。これらに関連する研究は、とくに特別支援教育学分野を中心に積み重ねられてきました。AAC は、「重度の音声・文字言語の表出・理解の障害のある人々の一時的あるいは永続的な機能障害・活動の制限・参加の制約を保障することを目的とする臨床実験の領域であり、重度の表出障害を持つ形態障害（impairment）や能力障害（disability）を保障する臨床的な諸活動」を指しています[11]。日本における AAC 研究の第一人者的存在である中邑賢龍は、「AAC の基本は、手段にこだわらず、その人に残された能力とテクノロジーの力で自分の意思を相手に伝えること」（中邑 1998: 11）と解釈しています。つまり AAC は、主としてコミュニケーションのための手段となることを目的として開発されてきたものといえます。

　AAC は多面的アプローチであり、言語のみならず個人のすべてのコミュニケーション能力を活用するものです。それには、残存する発声あるい

は会話機能、またジェスチャー、サイン、エイドを使ったコミュニケーションが含まれています。ハンドサインを用いる方法などもAACに含まれます。例えば、マカトン・サインを用いたマカトン法は、イギリスで開発されたサインと話し言葉を同時に使用するコミュニケーションの方法です（松田・磯部2008）。手話語彙や身振りなどを多く取り入れた表現しやすいものとなっており、知的障害や自閉症スペクトラム障害をもつ子どもの療育の場や、活動への参加のための意思疎通のツールとしての有効性が確認されています。

このように、知的障害のある人たちは、言語によるコミュニケーションに加えて、非言語的なコミュニケーションやAACを活用しながら、「ことば」とかかわりあっています。

## ◆知的障害のある人たちと「ことば」の関係性

知的障害のある人たちのことばや言語／非言語コミュニケーションの様子は、一人ひとりの違いが大変大きく、一概に論じるのはむずかしいことです。

けれども、言語的な表現が充分に出来ない状況に置かれている知的障害のある人たちは、障害の判定において程度が「重度」であるという診断を受けやすい傾向にあります。というのも、知的障害と判定されることは、とくに発達心理学、障害児教育学の分野において「適切」な発達段階に達していない、いわば「逸脱」しているものとして位置づけられ、支援や療育の対象とされることを意味しているからです。

これを裏づけるものとして、知的障害の診断や判定の際には、言語学的視点（語用論的観点など）からの考察が足りていないという指摘があります（有働2003）。その判定や診断には言語の運用に関する能力が「標準－逸脱」の基準の一つとされる場合が多く、知的障害の診断や判定に使用され

る IQ 算出にも言語運用が密接にかかわっています[12]。このような傾向は、福祉の場面だけでなく、障害児教育の現場や教育研究でも見受けられます。

　知的障害のある子どもたちのための「特別支援学校教育要領・学習指導要領」（文部科学省 2018）では、「国語」の目標として、小学部は「日常生活に必要な国語を理解し、表現する能力と態度を育てる」、中学部は「日常生活に必要な国語についての理解を深め、表現する能力と態度を育てる」、高等部は「生活に必要な国語についての理解を深め、それらを・適・切・に・活・用・する能力と態度を育てる」（強調筆者）となっています。これらの各目標を達成するための内容として、発達段階に応じて「正しく」「適切に」書くという文言が見られます（文部科学省 2018）。特別支援学校の教育現場には、国語という教科を超えた「合科・統合」という特徴的な方法があり、総合的な学習の中で文字・書きことばの指導を行う動きがあります（渡辺 2012）[13]。これらに伴い、知的障害のある人は、特別支援学校における「こくご」「国語」あるいはその他の総合的な学習場面において、「ことば」を習います[14]。このとき、知的障害のある人は、「適切」と考えられる言語表出や感情表現などをさまざまな場面で「学習」することになります[15]。つまり、医療的・発達心理学的観点が普及している現在では、「健常話者と異なる言語障害者の言語表出はあくまでも誤りというべき『逸脱』であり、人間の言語能力の枠内での正当な位置づけは与えられない、という立場がとられるのが通常」（有働 2003: 45）なのです[16]。もちろん、前節の言語／非言語・コミュニケーションで述べたように、特別支援教育は知的障害のある人たちに対してのコミュニケーション方法や学習面での「わかりやすさ」に関して、多くの創意工夫を重ねてきています。ですが、それらは「学習」という面から捉えられ、それらの成果は理解度調査や学習効果の向上という観点から測られることになります。

　ここまでのことから、言語が運用できること、つまり、ことばによるコミュニケーションが可能であることが、知的障害のある人をとりまく環境

において一つの絶対的観点として確立されていることがうかがえます。言語を運用する能力を規準とし、それらに価値を見出す見方が強い限り、知的障害のある人の言語的な活動や社会的な意思表明は、彼らが「劣っている」という通念や偏見を変えるものにならない可能性があります。さらに、言語による意思表明や言語を媒介する表現活動を行い、その言語的な能力が「劣っている」とみなされる状態を周囲に明らかにすることによって、さらに当人の存在そのものが軽んじられる可能性があるのではないでしょうか。

　実際、知的に劣っていることに対して社会が否定的であるのは、言語運用と分かちがたく結びついています。例えば、読み書きにむずかしさを持つタイプの発達障害のある方（ディスレクシア・ディスグラフィア）の場合、仮に文字の読み書きに困難を生じたとしても、生活言語の運用能力や話しことばにおける表現力によって、別の方向で社会的な承認を受けることが可能です。また、そうした多様な表現方法に価値付けがなされることによって、「劣った人である」という言語能力に付随する先入観や偏見と戦うこともできます[17]。知的障害を持たないけれども言語的に弱い立場にいる人々は、このようにして社会から剥奪されうる価値づけや意味づけに抗い、別の表現方法を持って抗うことができます。しかし、それは同時に、知的障害のある人たちを劣っているとみなす見方を無自覚に強化することになるのではないでしょうか。

　さらに、多くの人々は、知的障害という障害特性や背景事情を理解しないまま同じ言語を使用しているので、知的障害を持つ人々が知的障害を持たない人々と同じ言語世界にいると考えてしまいがちです。例えば、知的障害を「自分は他者にどのように援助してほしいかという意志伝達が思考能力、判断能力、伝達能力の不十分さという障害特性ゆえの困難のためにうまくできないという障害」（西村 2005: 410）とする定義にも見られるように、自身のことを言語によって表現し説明することができないとみなされ

る知的障害のある人たちは、言語を用いることの土俵に乗ることができない人として、社会への異議申し立ての場所から、見えない存在にさせられてしまうことになります。少し強く言えば、知的障害のある人たちは、「障害者」としてものをいうことからさえも、見えにくいかたちで排除されているのです。

ここまでをまとめると、知的障害と「ことば」の間にある問題とは、現在の社会において知的なコミュニケーションツールとして言語を捉える見方が固まっているため、それができない人たちが常にはじかれているということ、と言い換えることができるでしょう。

## ◆知的障害と障害の「社会モデル」

知的障害のある人の情報の受発信やコミュニケーションといった「ことば」をとりまく問題は、個々人の能力の「教育」や、言語的なリハビリテーションである「訓練」の次元へと還元されてしまいがちであること、さらには知的障害のある人たちの言語的な位置を劣位に固定化してしまいかねない現状があることを確認しました。知的障害のある人の「ことば」のあり方を考えるのであれば、ここまで論じた社会的通念との関係を反転させる立場から問題を捉えなおす必要があります。そこで、本節では「障害学」という考え方から、知的障害と「ことば」の関わりを再考してみたいと思います。

これまでの歴史の中で構築された「障害」へのマイナスの価値づけ、及び「逸脱」あるいは「劣ったもの」とみなす観点に対して、障害を有する当事者たちの中から価値づけの転換と社会的な復権を求める動きが起こりました。この流れを汲む学際的な学問分野は「障害学」と呼ばれています。1980年代にアメリカで身体障害当事者を中心として創始された障害学は、やがてイギリスを中心に当事者による障害への社会のまなざしや価値・

規範の問い直しの議論を発展させていきました（Oliver 1996）。障害学は、「個人のインペアメント（損傷または損傷部位）の治療を至上命題とする医療、『障害者すなわち障害者福祉の対象』という枠組みからの脱却を目指す試み」（長瀬 1999: 11）であり、これまで障害のある人を治療の対象としてきた「医療モデル」や、障害を個人的な特質であるとみなす「個人モデル」から脱却し、問題の所在を社会がこれまで生み出してきた障壁にあるとする「社会モデル」に転換する方向性を有しています。つまり、『『障害』を個人の属性ではなく、社会の障壁としてとらえる」（杉野 2007: 5）のです。

　障害を「個人」から「社会」の側へと転換し、社会の責任として問題解決すべきという明確な問題提起を行ったことは、重要な転換です。障害学的観点は、これまでの障害に対する一方的な見方を変革する力を持つものとして、そして障害ある人の人権保障を考えていく上で基盤とすべき観点の一つです[18]。

　この観点からすると、知的障害とは当人をとりまく社会環境にあるということになり、社会との摩擦によって生じている問題であるといえます。先に述べた「社会モデル」に拠って考えるならば、知的障害のある人がアクセス可能な「ことば」、すなわち情報媒体や文字情報がこれまでほとんど社会に用意されてこなかったことこそが、彼らを言語的に弱い位置に据え、彼らを知的障害のある人たらしめ続けているといえます。藤澤和子が、福祉先進国といわれるスウェーデンの知的障害のある人向けの「わかりやすい」図書のあり方を参照し、「その人たち（知的障害者等）に合った本や読書環境のないことが問題であるということに視点を置くべき」（藤澤・吉田 2009: 85）と主張しているとおりです。

　また、彼らの自己決定を例に考えるならば、知的障害のある人のディスアビリティ（社会的不利益）は「（相談・誘導・助言・指導といった）『支援』が日常的に手に入らないこと」（杉野 2005: 19）であるといえます。そして、この「支援」の内実である「相談・誘導・助言・指導」のいずれも、支援

者や家族、あるいはマスメディアやコミュニティ等との情報の受発信や、言語的なコミュニケーションを媒介とするものです。知的障害のある人たちの障害のありようを「社会モデル」的観点から問い返す時、それは社会が共有する「言語」の持つ権威性や優位性と常に深く連動するものだといえます。

　社会学者であり自身も視覚障害がある石川准は、「配慮の平等」（石川 2004、2006）という観点を示し、健常者はすでに配慮されている人々、障害のある人は未だ配慮されていない人々として、情報保障を社会側の責任とし、情報アクセスの機会の平等と情報支援の必要性を論じています。また、障害学を議論する障害学会では、障害のある人の情報アクセスが学術的にも実践的にも検討され、学会を中心とする場で情報保障が実践されてきています[19]。

　障害学では、知的障害のある人向けに「絵で見る障害学」が展開されてきました（Goodley, Moore 2002）。さらに、杉野昭博は障害の「社会モデル」に基づき、現在の日本には公共交通機関や公共の場所に視覚的な情報が少ないこと、またそれらの視覚支援の不足を社会側の知的・発達障害のある人への配慮のなさの問題として指摘しています（杉野 2006b）。杉野は、知的障害のある人たちの情報の受発信における権利擁護的な解決策として、「絵記号」（ピクトグラム）の使用を、一方的に知的障害のある人たちだけに押し付けるのではなく、情報を得る手段の一つとして社会全体で活用することを提案しています（同上：190）。つまり、障害の「社会モデル」的な観点に照らして言えば、視覚的な情報を社会全体に提示することで「実際にわかったか、わかっていないかということよりも、知的障害者が情報にアクセスできる機会を提供できたかどうか」（同上：190）で、知的障害のある人へのアクセス保障の第一段階が初めてなされるのです。

　この考え方に拠れば、知的障害のある人たちの社会参加を考える上でまず用意されなくてはならないのが、知的障害のある人たちにとって適した

かたちの情報提供・コミュニケーションの社会的な共有であるといえます。つまり、これまで知的障害のある人を言語的に無力化させてきた既存の社会の情報媒体・文字情報のあり方そのものの問い直しとして、問題の所在を当事者に閉じ込めず社会的障壁として検討し、障害の「社会モデル」的観点から情報やコミュニケーション、情報アクセスに関する問題を取り上げる必要があるといえます[20]。

## ◆知的障害と「言語権」・「言語差別」

　社会における知的障害のある人への差別的取扱いを「ことば」に関する不当な扱いの問題として捉えるならば、言語にまつわる権利概念やその保障がどのように捉えられてきたかもあわせて確認しておく必要があります。
　以下では、言語と社会の関連を解き明かそうとする学問である「社会言語学」の概念、「言語権」や「言語差別」に照らし合わせて、知的障害のある人の置かれている状況を考えてみましょう。

### ・「言語権」

　「社会言語学」とは、言語と社会の関連を解き明かそうとする学問です（Holms 2008）。その多くは、民族及び言語が争点となる言語政策、言語的マジョリティ及びマイノリティの対立、消えゆく言語の課題などを主たる対象としていました。つまり、情報伝達を媒介する言語と社会の相関を扱う社会言語学は、マクロレベルでは言語政策を中心とした議論、ミクロレベルでは異言語間の言語使用における「言語」を媒介する場面の分析などを対象とするものでした。
　社会言語学が扱う問題の幅は非常に大きいのでその多くはここでは措くとして、「ことばの権利」に関することを取り上げます。少数民族（エスニック・マイノリティ）の言語の公的使用を擁護しようとしたことに由来

する概念を「言語権（linguistic human rights）」といいます。これは「自らの言語、とくに第一言語を自由に用いる権利」（庄司 2005: 10）であるとされています。

　日本国内における言語に関連のある諸問題に「言語権」の議論がもたらされたのは、ごく最近のことです（木村 2010）。そして、言語権が主張されるとき、第一言語話者の第二言語話者に対する抑圧の問題や、多数派の言語がマイノリティの言語に対して持つ「権力」と関連した構図で述べられてきたものがほとんどでした。それらはすなわち、「言語」対「言語」の問題が浮かび上がる場面である、移民に関する問題や、消えゆく言語の問題を中心に論じられてきた経緯を有しています。同様に、日本において「言語権」の保障が議論になる場合も、非日本語話者の第一言語の保全や、第一言語獲得の保障が中心でした。つまり「言語権」をめぐるこれまでの議論では、同一言語の社会だと考えられてしまう場面にどのような言語の問題が取り残されているかについて、かえりみられる機会が少なかったのです。実際、海外の社会言語学周辺の諸研究においても、同一言語圏内における言語の多様性は方言研究などが主であり、言語権と障害のある人が結び付けられ議論されてきた研究は、ながらく「手話言語論」[21] 以外に存在していませんでした（木村 2012、2015）。

　2000 年以降は、「障害者」という社会的属性を有する人々にも、「言語権」の概念を敷衍すべきという議論が生まれつつあります。かどや・ひでのりは、日本社会の言語状況について「（日本における）多言語化は日本語運用能力のないひとびとの言語権を保障することを目的に進められなければならない」（かどや 2003: 21）と批判的に述べています。この頃から、国内の言語学分野で「障害者」が研究対象と考えられる視点が指摘されはじめました（ましこ 2006）[22]。近年では、同一言語話者内への問題として、障害のある人をとりまく言語環境への権利面からの検討や（ましこ 2001、2002、あべ 2012）、障害のある人を対象とした言語的相互行為の分析が展開

されています(オストハイダ 2011)。

この「言語権」をめぐる論調としては、「言語権」を「不可侵の人権」とみなす傾向(亀井 2004)が指摘されているように、「言語的人権ともいわれるように基本的な人権の一部とする見方」(庄司 2005: 10)が言語権の一つの特長としてあげられています。この観点を敷衍して考えるなら、同一言語内に存在する知的障害のある人たちに対しても、「言語圏」は保障されるべき基本的人権の一部であることを意識する必要があるといえます。

つまり、社会言語学の概念に照らして言えば、知的障害のある人たちの言語的なディスアビリティとなりうる障壁である言語の持つ権威的側面、及び表記・表現等にかかわる問題を取りのぞき、自分たちの表現として「ことば」を行使する権利を保障することが求められているといえます。

・「言語差別」

では、言語権が保障されることが知的障害のある人たちのディスアビリティを軽減することと同義であるなら、知的障害のある人たちには、どのようなかたちで言語権が保障されるべきでしょうか。知的障害のある人たちが、言語的な摩擦によってどのような不利益を受けているのかを確認しておきたいと思います。また、知的障害のある人のディスアビリティとしての「言語差別」の様相を確認してみましょう。

「言語差別」もまた「言語権」と並行して社会言語学の領域で発展した概念であり、「ある言語が劣位におかれ、その使用者層が不当なあつかいをこうむる状況。劣位言語をもちいる個人・集団の尊厳をきずつけられ、あるいは疎外されたり、その使用・継承を困難と感じるような状況が構造化されたりすること。また、劣位集団の構成員が優位集団による規範意識に拘束されて、正当な言語表現を疎外されること。ひろい意味での言語権が侵害されること」(ましこ 2005b: 36)とされています。これは、「ことばによる差別(ことばが媒介する差別)、すなわち『差別語』をもちいてなさ

れる差別をさすのではなく、言語のありかたそのものをめぐっておきる、ある一群の現象を意味している」（角谷 2002: 64）とされています。

　言語差別の現象は、「ある個人ないし集団の言語行為への差別」と「言語が差別言動の媒体として機能するばあい」（ましこ 2001: 3）の二つのパターンがあります。これらの言語に関わる人権侵害は、二つの場面で生起します。一つは、「同一言語を第一言語とするひとびとのあいだにおいておこるもの」、もう一つは「異言語を第一言語とするひとびとのあいだにおいておこるもの」です（かどや 2005: 38）。

　かどや・ひでのりが述べる一つ目の人権侵害は、言語という表現媒体そのものが持つ障壁と排除の問題です。これはつまり、同じ言語を話しながら、その表現媒体が抱える問題によって社会的に不利な立場におかれてしまうことから発生する諸問題を指しています。これを障害のある人の問題に照らしていえば、日本語の表記のありようそのものが障壁となってしまうゆえに引き起こされる諸問題といえます。例えば、視覚障害のある人たちと見える人たちの間に起こる漢字使用の問題（あべ 2012）をあげてみましょう。点字は「表音文字」であり、例えば「○○は、××でした」の際の助詞の「は」は、点字表記では音声に合わせて「わ」と記載されます。漢字表記も音を記すので、「墨字」[23]の漢字を読み上げる際には理解困難が生じてしまいます。このように、健常者が普段意識することなく使用する「漢字」は、その読み上げや理解を必要とする人びとの前では情報の受発信やコミュニケーションにおける障壁となってしまいます。

　もう一つは、異言語話者間の言語差別です。これは、第一言語話者と第二言語話者の間で起こるような問題であり、言い換えれば第一言語話者が内容を理解できることによる「権力性」の問題です。この問題は、「ある言語の運用能力について絶対的な格差があるにもかかわらず、その格差を無視してコミュニケーションの成立をはかろうとするとき」（かどや 2005: 38）に明確に現われるものだとされています。コミュニケーションにおい

て、言語に習熟していない側が感じ取る「劣位の感覚」、そして、「コミュニケーションに充分参加できないという事実」がある際の「構造化された優位性」が指摘されています（かどや 2005: 38-39）。これを障害のある人の問題としてみるとき、「異言語」という観点からすれば、ろう者と聴者のあいだにおこる抑圧と差別の問題と共通する観点を持っています[24]。ろう者の第一言語は日本手話であり、聴者と会話する際には、書記日本語や聴者の手話といった第二言語的な不得手な言語へとろう者から歩み寄らなければならないといった数の上での権力性はもちろん、さらにはろう者へ歩み寄ろうとする聴者の関係でおこるろう者への抑圧、そしてそれにろう者自身が気づかない場合もあります（金澤 2003）。このように、障害のある人が受けている言語的な抑圧は、時に障害のある本人の目にも見えにくいかたちで存在しているのです。

　それでは、知的障害のある人の言語差別には、どのような特徴があるでしょうか。

　先にあげた視覚障害のある人・聴覚障害のある人の例と照らし合わせながらいえば、まず。視覚障害のある人との問題の類似性、すなわち同一言語話者内の言語差別との類似が指摘できます。例えば、単純な発達遅滞の場合、ひらがなにするだけ、ふりがな（ルビ）を振るだけでも理解が促進される場合があります（もちろんそれだけではありませんが、それがあることで手掛かりになることは十分にあります）。これは、弱視者や読字障害（ディスレクシア）に対する表記の持つバリアの問題として議論されてきた部分に通ずるものです。視覚障害のある人々やそのままでは読むことがむずかしい人々に対しては、これまで音読や音訳の支援、ルビを振ること、拡大図書の必要性が議論され実践されてきています。これらは、情報機器を用いて音読する等で解決できる部分もありますが、知的障害のある人たちはそうした技術を使うことに関してもまたバリアがあります[25]。

　もう一つ、言語運用や理解の観点からいえば、ろう者が持つ問題点であ

る言語的問題と異言語話者間の言語差別との類似があります。異言語間のコミュニケーションでは、その場での共通の言語に強い人々が優位性を発揮し、抑圧が生じます。これを知的障害のある人の場合で考えてみましょう。例えば、一過的なコミュニケーションであれば、軽度の方なら「知的障害」が露呈しないこともあります。健常者と呼ばれる人々と話すときに、わかっていないことにうなずいたり、話の調子を合わせたりするなど、知的障害のある人がわからなさを「隠す」（杉田 2011）ことがあります[26]。こうした「コミュニケーションに充分参加できないという事実」はさまざまなかたちで知的障害のある人たちの日常に潜在的に存在し、そして健常者側からはその抑圧の状況が見えにくい状態になっています。

　もちろん、コミュニケーション上の「劣位の感覚」について、知的障害のある人自身が「劣位」だと感じているかどうかは判別しにくいことはあるでしょう。しかし、例えば、知的障害のある人向けの新聞である「ステージ」（第4章で詳しく述べます）の実践を長らく先導してきた野澤和弘は、知的障害のある人たちと新聞記者たちのやりとりを通じ、「プロの記者が書く原稿に対して、障害者たちは辛らつに批判や疑問を述べるが、それは『遠慮なく批判する知的障害者』であることを支援者らが望んでいるのを汲み取って、自分でも知らず知らずのうちに、そうした知的障害者を演じているのではないかと思えることがある」（野澤 2006b: 67）と記しています。これは、「障害者役割」（松波 2003）という、「健常者－障害者」の関係性が日常的にすりこまれているゆえに、社会的なイメージの「障害者」を演じざるを得ないという役割意識と共通する点でもあるでしょう。また、新聞記者側の「（色々話せる）障害者」という望みを敏感に察知し、そういうものになろうとする、そしてそれを強いられる社会に生きてきたという、「劣位」の位置に置かれる知的障害のある人たちの状況を表したものであるとも考えられます。

　ここまでをまとめると、知的障害のある人たちが置かれている言語的状

況には、同一言語内の問題(識字的なハードル、漢字の権威による文字への苦手意識の増長、ひらがなだけの文章への侮蔑的な視点に対する萎縮など)と、異言語間にある問題(双方がお互いの言語が出来ないのにもかかわらず、片方が多数派の言語を用いるがゆえに優位に立ち、もう片方はその言語に堪能でないがために劣位に置かれてしまうという、言語に起因する権力性の問題)の両方があるといえます。これを、「言語差別」という概念を用いて言い換えれば、知的障害のある人への言語差別は、同一言語話者内で指摘される問題と、異言語話者間で指摘される問題の双方を抱合する、「複合差別的様相」[27)]を持つといえます。

さらに「支援者」-「被支援者」という情報の受発信や意思疎通に置いて「人」を介した支援が日常的に加わることで、知的障害のある人の言語的状況は、個別具体的な関係性をも含んでさらに複雑な様相を呈しています。専門家・家族・支援者の「知的障害者像」と情報支援への意識こそが知的障害のある人の情報の受発信を偏ったものにし、また彼らのことばを捻じ曲げる可能性をも秘めていることを加味すれば(このことは第2章で触れます)、知的障害のある人の言語的状況は、マジョリティ側からの抑圧を複合的に受けているといえるでしょう。

## ◆「ことば」へのニーズに応えるために

ここまで、知的障害のある人たちは情報社会にあって言語的に「劣っている」とされ、それらへの価値復権的な行動自体からも見えにくいかたちで排除されていることを確認しました。さらに、知的障害のある人たちへの言語差別の様相は複合性を帯びており、視覚障害のある人や聴覚障害のある人が有する言語的バリアの特徴も有している複合的な状況にあることを確認しました。

知的障害は、現在の社会的価値観や言語能力を重視することによって構築された部分を有しています。だからこそ、障害の「社会モデル」的観点、言語自体が有するバリアを解体する社会言語学的観点の双方から、認識を変えていくことが必要です。しかしながら、情報技術の発展とともに、現在の社会では一層、情報リテラシーや言語的「能力」が重視される傾向にあります。

　こうした課題に抗する方法は何でしょうか。先ほど「障害学」との関連でも述べましたが、「知的障害のある人たちにとって適したかたちの情報提供・コミュニケーションの社会的な共有」と、「言語の持つ権威性や困難性といった障壁をできるだけ低くすること」、ではないでしょうか。

　もちろん、現在の社会のすべてを覆して、知的障害のある人の言語/非言語・コミュニケーションのあり方を社会的な標準とすることはおそらく不可能です。しかし、これまでほとんど着目されてこなかった、知的障害のある人にとっての「わかりやすさ」や「読みやすさ」という実感やニーズに応えることは、社会的な課題と呼ぶべきはないでしょうか。少なくとも、知的障害のある人たちに言語やコミュニケーションの「できなさ」を一方的に押し付けることなく、社会全体で解決すべき問題とする視点を持つこと、社会から排除しないようなあり方を検討することは、健常者中心の現在の社会において果たさねばならない応答責任であると考えられます。

　したがって、知的障害のある人が置かれている言語的状況や情報アクセス環境そのものを、知的障害のある人にとって能動的なものへと変化させることを、社会的な課題として考えていく必要があります。つまり、これまで知的障害のある人たちを無力化させて遠ざけてきた既存の「ことば」のあり方、すなわち情報媒体や文字情報のあり方そのものの問い直しとして、知的障害のある人たちに適した「わかりやすい」かたちでの情報の受発信やコミュニケーションを、知的障害のある人の日常生活の中だけでなく、社会全体として推進するような方法を検討する必要があるのです。

次の章では、障害のある人たちをとりまく情報保障・コミュニケーション支援の法的な動きや施策などを確認し、知的障害のある人たちの情報保障がどのような課題を抱えているのかを探ります。


■注
1　例えば発達心理学上の定義では、精神遅滞・広汎性発達障害・学習障害・コミュニケーション障害（言語障害）などを抱合しつつ、知的な遅れを伴うものの総称とされます。ここでは、発達心理学のテキスト的な意味合いをもって作られている『臨床発達心理学概論　発達支援の理論と実際』の第 5 章「さまざまな障害」（長崎ら 2002: 52-63）を参考にしました。
2　知的障害を定義する代表的なものに、アメリカ精神医学会による分類（Diagnostic and Statistical Manual of Mental Disorders, 以下 DSM）があります。例えば DSM-Ⅳでは、おおよそ IQ70 以下であり、意思伝達、自己管理、家庭生活、社会的／対人技能、社会的資源の利用、自律性、発揮される学習能力、仕事、余暇、健康、安全の 2 つ以上の領域で、適応できない、あるいは適応できにくい状態と定義されていました DSM-Ⅳでは、さらに 3 つの下位分類があげられていました。知的障害 Intellectual Disability（知的発達障害 Intellectual Developmental Disorder）、全般的発達遅滞 Global Developmental Delay、特定不能の知的障害 Unspecified Intellectual Disability（知的発達障害 Intellectual Developmental Disorder）の 3 つです。DSM の定義や分類は医療的側面からの行動特徴等に基づくものであるとされます。
3　DSM-ⅣからⅤに変更される際に、自閉症スペクトラム障害の定義や基準の変更がなされています。
　　http://www.dsm5.org/Documents/changes%20from%20dsm-iv-tr%20to%20dsm-5.pdf
4　成立当時は「精神薄弱者福祉法」でしたが、1999 年に「精神薄弱」が「知的障害」と変更されてのち、「知的障害者福祉法」に名称変更されています。
5　障害者自立支援法等の新たな法律の制定により、知的障害の法的な定義の整備の必要性が指摘されています（北沢 2007）。
6　「平成 17 年知的障害児（者）基礎調査結果の概要」（厚生労働省 2007）によります。
　　http://www.mhlw.go.jp/toukei/saikin/hw/titeki/
7　日本国内においては、自治体の裁量で IQ70 以上であっても、日常生活における様々な能力を鑑みて、療育手帳（障害者手帳）の取得が可能となる事例も増えてきています。

8　日本における知的障害概念の変遷は寺本（2000）に詳しいので参照してください。
9　例えば、自閉症スペクトラム障害を有する人たちには「クレーン現象」と呼ばれる行為が見られます。これは、例えば水が飲みたいときに周囲の人の手をペットボトルやコップ等の要求の対象まで導いて、要求を充たそうとする行動です。これも表現パターンの一つであり、意志の表出として見ることができます。
10　ピクトグラムは、視覚情報で形容詞までのさまざまな語彙をカバーすることができるものです。一般的なものはトイレのマークなど、社会のあちこちで見かけられます。ピクトグラムの現在や歴史については村越（2014）を参照してください。
11　American Speech-Language-Hearing Association（2004）の定義によります。http://www.asha.org/policy/TR2004-00262/
12　制度面からいえば、知的障害として認定を受ける「療育手帳」（知的障害者用の障害者手帳）の取得基準の一つとしてIQ70以下という目安があります。しかし、この療育手帳取得基準及び知的障害者へのサービスは都道府県でばらつきがあり、判定員や診断する側の主観による判断という面があるのは否めません。日常会話の理解力が高くても、それが充分に汲み取られているとはいえない場合もあります。この点は、例えば健常者が異言語で知能テストを受ける際に、第一言語と同水準のIQの値が算出されない場合と類似しています。このように、知的障害は具体的に何かの行動をとることで名づけられるのではなく、医学的な診断、あるいは発達段階を調べるさまざまな検査によって「判定」され、社会的にラベリングされるという側面を有しています。
13　渡辺（2012）は調査の中で、教員は「話す」「聞く」能力を指導において重視する傾向にありましたが、一方で「読むこと」を重視する教員も多いこと、また書くことの指導は積極的にされていると言えないことを明らかにしています。
14　特別支援学校での指導は基本的に小中学校の学習指導要領に準ずるので、「英語」も教科として学びます。
15　例えば、知的障害や発達障害のある人の「問題行動」とされるコミュニケーション上の困難について、「ソーシャルスキルトレーニング（Social Skills Training、以下SST）」の実践が国内では主流です。SSTは認知行動療法の一つと位置づけられます。社会的な困難を「ソーシャルスキル」としてとらえる側面から、適切な行動を強化・不適切な行動を消去する訓練法です。SSTの詳細については多数の出版がありますが、例として（田中・岩佐 2008）などをあげておきます。
16　もちろん、知的障害の判定のすべてが言語能力のみを対象を測るものではありません。例えばウェクスラー式知能検査は、言語性検査（言語教示を理解してことばで答えるもの）と動作性検査（検査者の動作によって課題を理解し、動作で答えるもの）を行います。あべ（2009）は、知的障害のある人の判定テストに使用される知能検査につ

いて、言語能力を絶対視しないことの重要性を述べています。
17 参考として、太田啓子は軽度身体障害者のライフヒストリーに着目し、戦略的自己呈示によって否定的なまなざしをはねのける様を記述しています（太田 2008）。
18 2006 年に国連にて採択された「障害者の権利に関する条約」も、「社会モデル」の考え方に立脚しています。以後の障害に関する概念や条約、それらに関連する法律等は、障害の「社会モデル」を積極的に取り入れているものが増えています。平成 26 年の障害者差別解消法も、障害の「社会モデル」的観点に基づいています。また、「『社会モデル』は、時に『人権モデル』と言い換えられるほど、人権と親和性が高い概念である」（松波 2003: 50）という指摘もあるように、「社会モデル」的観点から障害をとらえ返すことにより、障害者の人権そのものを擁護する性質を帯びることとなります。
19 しかし、障害学の情報保障に関する議論は身体及び視・聴覚障害に関する問題を主としており、知的障害については十分に踏み込んではいないという側面もあります。国内では杉野（2006a）が知的障害者の障害学会へのアクセス可能性を「絵で見る障害学」という実践から検討したのみであり、その後知的障害のある人たちは、ほとんど障害学における情報保障の議論の対象とされていません。
20 一方で、社会モデルの有用性を説く多くの障害学の論文は、知的障害のある人の問題に触れない傾向にある（Louise et al. 2001、田中 2008）という指摘もあります。この本は、その欠けている部分を補う位置にあるともいえるでしょう。
21 例えば、ろう者は「ろう文化宣言」以降、手話は「言語」であるという主張を積極的に打ち出し、言語的マイノリティとして、手話で話す権利、手話でサービスを受ける権利、音声言語を保障される権利を主張し、諸問題及び情報保障の拡充を論じています（木村・市田 1995、秋山・亀井 2004 など）。さらに手話を第一言語として教育を受ける権利を主張する動きも展開されており、ろう児のためのデフ・フリースクールが全国で実践されています（全国ろう児をもつ親の会 2003）。手話を言語として位置づける手話言語条例も各地で成立しており（森・佐々木 2016）、日本語圏内における異なる言語としての手話の位置づけや、言語権保障の萌芽が社会的に確立しつつあるといえます。
22 これは「言語権」という輸入概念が日本に土壌を得て「手話」という視覚言語と結びついて理論的に発展して以降の展開であると指摘されています（木村 2015）。
23 「点字」に対して、視覚障害者がそのままではアクセスできない、紙に書かれた文字のことを「墨字」といいます。
24 書記日本語に精通したろう者ももちろんいますが、教育の過程で書記日本語はもとより第一言語も充分に習得できない状態で育ってしまう聴覚障害のある人たちが多数いることは、上農（2003a）に詳しく述べられています。

25 この点については、打浪 (2015a) が参考になります。知的障害のある人たちの情報機器の利用状況は、よく使用する少数派とほとんど使用しない多数派の二極化傾向が示唆されています。
26 身体障害のある人の例では、軽度の障害がある人が自分の障害を隠すことや、障害の戦略的な提示やアイデンティティの問題と関連して述べた先行研究があります（田垣 2006、太田 2008）。知的障害がある人々の場合は、自身の障害認識に対して否定的な認識を示すことが明らかにされています（杉田 2011、2017）。
27 「複合差別」の概念は、上野 (1995) を参照しています。複数の文脈からを生きる一個人にそれぞれの文脈からの多層的な差別が重なって起こることを指します。例えば、障害のある女性は、障害者差別と女性差別の双方が複合的になることから、より複雑な問題となることが示されています（すぎむら 2013 など）。

## 第2章
## 知的障害のある人たちと情報保障

　本章では、障害のある人たちの情報保障やコミュニケーション支援を考えるうえで基盤となる、現在の社会における情報保障・コミュニケーション支援の国際及び国内の動向や、情報保障・コミュニケーション支援の概念等について概説します。そして、知的障害のある人と情報の受発信の関係性と、その考え方について検討していきます。

### ◆障害のある人たちの情報保障・コミュニケーション支援に関する世界的な動き

　まずは、障害のある人全体への情報保障・コミュニケーション支援の動きから見ていくことにしましょう。
　1981年の国際障害者年で掲げられた「障害者の完全参加と平等」という理念が示されて以降、全世界的に障害のある人の人権擁護及び社会参加が強調され、各国で社会参加のための法整備が進んでいくこととなりました。
　例えばアメリカでは、国際障害者年で掲げられた障害のある人の「完全参加と平等」という理念に基づいた「障害を持つアメリカ人法」(Americans with Disabilities Act, 以下ADA) が1990年に成立しています。障害のある人への差別を禁じるこの法によって、アクセシビリティの保障は「合理的配慮」(Reasonable Accommodation) [1]であるとみなされ、この考え方は以降の障害者運動に大きな影響を与えました。これが、その後のアクセシビリティの議論の基盤となっています[2]。その後、アメリカでは1998年の

リハビリテーション法第508条の改正により、連邦政府が調達する情報機器やソフトは障害のある人が使えるものでなければならないとされました。以降も、この法に基づいたアクセス保障のための具体的な調査・研究が進められています（Jaeger 2006ほか）。アメリカでは、障害のある人たちの情報アクセスを「権利」として認め、「合理的配慮」として情報アクセスを提供する社会的な動向が見てとれます。すなわち、障害のある人の情報アクセスを「人権保障」の一つとみなす傾向にあるといえます[3]。

さらに、2006年になると、「障害者の権利に関する条約（以下、障害者権利条約）」[4]の成立という大きな動きがありました。日本は2007年に署名し、2014年に批准しています。この条約は「障害の人権モデル」[5]に立脚するといわれるように、障害のある人の権利を重視し、コミュニケーションや情報アクセスを保障することを権利の一つとしてとらえています。同条約の第9条第2項では、情報、通信その他サービスに関するアクセシビリティの保障が謳われています。また、同条約第21条では「表現及び意見の自由並びに情報へのアクセス」に関して、障害を有する人がコミュニケーションの形態を自ら選択し、表現及び意見の自由（情報及び考えを求め、情報を受け、伝える自由を含む）についての権利を行使することを確保するための適切な措置について規定されています。この文中にある「コミュニケーション」は、同条約の第2条に定義されています。その内容は「筆記［文字言語］、音声装置、平易な言葉、口頭朗読その他の拡大代替［補助代替］コミュニケーションの形態、手段及び様式（アクセシブルな情報通信技術）とともに、言語、文字表示［文字表記］、点字、触覚伝達、拡大文字及びアクセシブルなマルチメディア等」とされており、知的障害や発達障害を含むさまざまな障害種を考慮したコミュニケーションの定義とその保障が想定されていることが読み取れます。

情報通信技術（Information and Communication Technology、以下ICT）の活用が進んできた現在は、とくに電子書籍やインターネットのアクセスを

中心とした、ICT に関する情報格差の解消と情報アクセスの平等化が着目される傾向にあります（Officer, Posarac 2011）。例えば、紙面媒体の情報提供の音声化による視覚障害のある人の情報環境の改善など[6]、この十数年の ICT の発展により、障害のある人の情報アクセスにおける諸課題は、一部では劇的な改善が見られるものもあります。

## ◆国内の動き

　国内で障害ある人の情報機器を利用した情報アクセスとそのバリアが意識され始めたのは、1990 年前後にさかのぼります。「障害者等対応情報機器開発普及推進委員会」が 1990 年に公表した「障害者・高齢者等情報処理機器アクセシビリティ指針」が、情報アクセスに対する対策の始まりだとされています。この指針は「キーボード及びディスプレイ等の標準的な入出力手段の拡充や専用の代替入出力手段の提供を促進し、もって障害者・高齢者等の機器操作上の障壁を可能な限り低減し、使いやすさを向上させること」[7]を目的としていました。この指針は 2000 年に通商産業省によって「障害者・高齢者等情報処理機器アクセシビリティ指針」として告示化され、現在はこの指針に基づいてさまざまな障害のある人の情報に関する支援機器が開発され、商品化されています。

　このように、国内ではまず ICT に特化した情報アクセスを保障しようとする考え方が進展してきたといえます[8]。1995 年の郵政省電気通信審議会の「グローバルな知的社会の構築に向けて――情報通信のための国際指針（答申）」では、「情報アクセス、情報発信は現代の基本的人権」であることが示されています。その後、法律・政策等の理念においても、障害のある人を含めたすべての国民の情報アクセスを権利として保障することに関する文言が登場するようになりました。例として、2001 年から施行されている 高度情報通信ネットワーク社会形成基本法（IT 基本法）で

は、第3条で「すべての国民が情報通信技術の恵沢を享受できる社会の実現」が謳われています。この第8条では、「高度情報通信ネットワーク社会の形成にあたっては、地理的な制約、年齢、身体的な条件その他の要因に基づく情報通信技術の利用の機会又は活用のための能力における格差が、高度情報通信ネットワーク社会の円滑かつ一体的な形成を著しく阻害するおそれがあることにかんがみ、その是正が積極的に図られなければならない」と、すべての人の情報アクセスの平等が目指されています[9]。

さらに、国民すべてを対象とする情報に関する法律だけでなく、2004年に「障害者基本法の一部を改正する法律案」が成立した際には、障害のある人の情報の受発信までを考慮に入れた「情報の利用におけるバリアフリー化」が規定されました[10]。さらにその後、2014年の障害者権利条約の批准に合わせ、日本国内では障害者基本法の改正等の法整備が進み、障害者差別解消法が整備され2013年6月に公布されました[11]。これにより、「不当な差別的取扱い」に加え、「合理的配慮」の提供がないことも「差別」とされ禁じられ、「合理的配慮」として情報アクセスはすべての行政機関等に求めることができるようになりました[12]。すなわち、自らに適したかたちでの情報アクセスのための変更や調整を、「権利」として求めていける素地が作られてきたといえます。

このように、障害のある人に関連する情報アクセスをめぐる法律等の動きは、理念上は障害のある人の情報アクセスの機会の保障や、情報の受発信を想定しているといえます。こうした動きを、情報保障について研究している太田晴康は「情報格差そのものを権利の侵害として位置づける発想へのパラダイムシフト」(太田 2005: 16) であると指摘しました。すなわち、「情報弱者の視点にたって広義の情報障碍を除去／軽減することは基本的人権の次元」(ましこ 2005a: 34) へと移行しつつあるのです。つまり、情報アクセスを権利としてとらえることは、情報弱者と呼ばれる障害ある人々の保障するものとしての、法的根拠及び理念的位置づけを得てきたといえます。

## ◆情報バリアフリー

　前述した情報アクセスの保障を実践するものとして、2004年の改正障害者基本法で、政策として掲げられた法の中にもりこまれたのが「情報バリアフリー」という概念、及び「情報の利用におけるバリアフリー化」です。

　『障害者白書――平成7年度版』（総理府 1995）では、「健常者と障害者の共生」における4つのバリアの一つに「文化・情報面の障壁」[13]があげられたように、情報化社会の進展が目覚ましい1990年代半ばには、情報伝達と情報機器のつながりが深いことを前提として、障害のある人に対する情報のバリアへの対策の必要性がすでに意識されていました。その3年後の『障害者白書――平成10年度版』（総理府 1998）では、「情報バリアフリー」という特集が組まれました。

　「情報バリアフリー」は、とくに情報機器の利用に関する領域で浸透した用語であり、現在では一般に「身体障害者でも支障なく情報通信を利用ができるようにすること」[14]という意味合いで使用されます。しかしそれだけでなく、「高齢者・障害者の視点に依拠しつつ、すべての人が、その社会生活を営んでいくために必要な基本的な情報を利用できる権利、アクセシビリティを保障し、その社会参加を促進するという、一つの『基本的人権の保障』を目的とする概念」（清原 2002: 312）として定義されることもあるように、権利保障の側面を含んだ概念でもあります[15]。この障害者白書の中では、技術の革新によって障害ある人が社会の中で「情報弱者」になってしまい、「発達・普及してきた情報通信機器やシステムを障害のある人が十分に利用し、社会の情報化の利便を享受して社会参加を図れるよう」（同上: 5）にするために、とくにICTを活用する場面において情報バリアフリーの推進が必要であるという方向性が打ち出されました。

さらに、『障害者白書——平成13年度版』（内閣府 2001）では「障害のある人とIT」という特集が組まれています。今後のさらなるデジタル・デバイド、すなわち障害ゆえに起こるさまざまなアクセス機会や情報アクセスのための技術を習得する機会の不平等[16]の拡大が懸念されています。以降、情報バリアフリー政策の下、障害特性に対応した情報提供の充実のための政策がさらに拡大されてきています[17]。

このように、「情報バリアフリー」はICTの進展を意識しつつ広まってきました。そうした状況の下での近年の政策による「情報バリアフリー」の推進や、情報に関する支援機器の開発は、障害ゆえに閉ざされていた情報を手にすることを可能にしてきました。また、ICTの開発と発展につれて、障害のある人々からの情報保障への要求もさらに高まっており、情報学や福祉情報工学、及び社会科学の諸領域である障害児教育学、社会福祉学、社会学、障害学などのさまざまな学に基づいた各種の研究及び実践が進められてきています。その結果、とくに工学系の技術的発展により、障害のある人の情報アクセシビリティはデジタル化の進展とともに一部は確実に解消されてきたといえます。

## ◆情報バリアフリーにひそむ問題点

では、情報バリアフリーが進めば、知的障害のある人たちにとってもよりよい状況が生まれるのでしょうか。

情報保障について研究している太田晴康は、情報バリアフリー関連政策の現状に対し、「『電子通信情報バリアフリーあるいはIT（情報技術）活用バリアフリー』といった言い換えがふさわしい」（太田 2005: 16）と述べています。また、情報バリアフリーのための政策の多くは支援機器開発を重視しており、その結果として権利保障的な意味合いを離れ、「情報」の意味と範囲は情報機器の周辺に矮小化されがちな傾向にあることも指摘され

ています（ましこ 2005a）。

　この「情報」の意味の矮小化には、問題点が一つ、ひそんでいます。それは、こうした対策の前提に、IT 技術を利用してさまざまな情報を取得できる「健常者」というものが無意識に想定されていることです（ましこ同上）。

　障害のある人たちの情報アクセスの保障を考えるときには、情報機器の利用に関する「『健常者』との情報格差の是正」、すなわち情報機器や技術を利用して情報を得ることを念頭においた情報バリアの除去のための整備に主眼が置かれがちであることが指摘されています（ましこ 2011）。実際、情報バリアフリーの実現のための政策は、圧倒的に支援関連の機器開発に比重があります。これらの結果として、情報機器自体が使いがたい障壁となってしまう障害ある人（例えば、上肢に障害がある人や、軽度や中度の知的障害のある人など）にとっては、情報バリアフリー政策は情報格差をさらに大きくしてしまう方向へ働いてしまうことになります[18]。実際、軽度の知的障害のある人のように、能力的には情報機器が利用可能でも、活用に関する情報提供や支援が不十分なために自分に必要な情報の収集が十分に行えない人には、現状の政策等は効果的に機能しないことになります[19]。情報バリアフリー政策は、機器開発等の推進とその利用に関する支援によって、視覚障害のある人や身体障害のある人の情報アクセスの向上に貢献してきました。しかし、その功績ゆえに、機器開発によって障害のある人の情報アクセスに関する問題のすべてが解決できるという方向性を強化してしまい、実際にはその対象の外にある人たちを「情報機器の使えない人々」という情報弱者として排除し、知的障害のある人たちを取り残しかねない結果となっているのです。

　知的障害のある人たちはさまざまな福祉サービスやコミュニケーション支援の対象ではありますが、アクセシビリティ指針の策定やホームページのアクセシビリティの向上などを主眼とする、視覚や聴覚に障害のある人

を主とした対象とする情報バリアフリー政策からは外れています。つまり、これから社会のICT化がさらに進むにつれて、さらなる情報格差に取り残される可能性にさらされているといえます。知的障害のある人たちの情報保障は「古くて新しい課題」といわれるように（名川ら 2006）、ICTの発展の以前から情報伝達や自己決定への支援のむずかしさという課題が存在しています。そこに機器の一層の発展が加わり、情報格差はさらに大きなものになりつつあるといえます。すなわち、「抽象的な概念や複雑な構文構造の文章、難解な言葉の理解が苦手な知的障害のある人たちは、IT技術の進化から置き去りにされつつある」（野澤 2006b: 61、強調筆者）と十年以上前から指摘されてきたように、知的障害のある人たちは情報化社会において、社会生活に困難をきたす位置に置かれ続けているのです[20]。

　もちろん現在では、文部科学省の『教育の情報化に関する手引き』[21]で、知的障害を持つ児童生徒に対する情報教育の意義と支援のあり方のひとつとして職業教育の充実が掲げられていますし、特別支援学校の教科としての「情報」の学習や、就労に関する教科学習の中での情報機器の技能取得の機会の増加も見られます（渡辺 2009）。加えて、知的障害のある人たちの「新たな職域」としてパソコン技能を活用した就労の推進が着目されており（清水・内海・鈴木 2005）、実際に就労先でパソコンを用いた事務作業に従事する事例も増加しています。さらに、総務省の2012年の調査では、知的障害のある人たちの携帯電話・PHSの利用率は56.7％に達していましたし、特別支援学校高等部でも所持率の上昇が見られます（江田・松下 2007、江田・森・一ツ田 2010）。現在はスマートフォンの普及も少しずつ広まってきていますし、現在では特別支援学校における教材としてのタブレットPC等の導入も一部では積極的に試みられています（中邑 2012）。今後も、たった数年で状況が大きく変化していくことが予想されます。

　しかし、筆者が2010年度に16人の軽度または中度の知的障害のある人を対象に行った聞き取り調査によると（打浪 2015a）、知的障害のある人た

ちのパソコンの利用状況は、自由に利用できる少数と利用環境の整わない多数に二分されていました。また、携帯電話は調査対象者全員に利用経験があり、情報伝達や支援代替的なツールとし活用され、通話以外の固有機能も幅広く利用されていました。しかし一方で、パソコンや携帯電話の積極的な利用が阻まれている原因として、経済的要因や、家族や支援者から利用をとめられているなどの要因がありました。やはり、知的障害のある人たちをとりまく状況として、情報機器のスムーズな利用には複雑なハードルがあるといわざるを得ません。

## ◆情報保障とは

　情報アクセスについての権利保障が謳われる一方で、「情報バリアフリー」の進展によって知的障害のある人たちはさらに排除される可能性があることを前節で確認しました。では、知的障害のある人たちも能動的に参加できるような情報の受発信のあり方はどのような考え方によって整理されるべきでしょうか。

　そもそも、知的障害のある人の情報伝達には、こうした情報機器の普及以前から存在する文字情報やコミュニケーションのバリアがあり、さらに情報機器を利用する情報のバリアが複合的に重なっています。ゆえに、彼らの情報バリアフリーを考える際には、情報機器のバリアフリーだけでなく、その周辺領域の全ても含めての情報伝達を考えられるような概念を用いて整理する必要があります。そこで本節では、情報バリアフリーの概念からこぼれる領域もカバーする概念として、「情報保障」を取り上げてみたいと思います。

・「情報保障」とは

　自身も聴覚に障害を有していた田中邦夫（田中 2004: 96-97）によれば、

「情報保障」という用語は、1970年代ごろから聴覚障害を持つ大学生の間で使われてはじめた用語であり、その後も聴覚障害のある人たちやろう者の間を中心にこの用語が使用されてきた経緯を持つとされています。現在では、視覚障害のある人への点訳やテキストデータの提供をはじめ、さまざまな場面で「情報保障」という言葉が用いられていますが、聴覚障害のある人へ音声情報の文字化という狭義の意味合いで使用されることが多い語であり、その議論は視覚や聴覚障害のある人に関するものが大半を占めています。一般的には、講演会や学校の授業などで、資料や講演内容について代替手段を用いて情報提供を行うこと、またはその代替手段そのものを指すことが多い概念です。

　田中の定義を借りれば、狭い意味での情報保障は「そのままの形では情報を受け取れないものに、何らかの方法で情報内容を伝えること」（田中 2004: 98）となります[22]。田中のまとめによれば、障害のある人に対して情報が保障されるべきものは、「①マスメディアへのアクセス、②街頭や交通機関、あるいは公共施設における情報利用、③障害者の個別的コミュニケーション、④情報機器へのアクセス、⑤情報料金の低廉化、⑥「情報提供システム」の整備、⑦参政権、⑧著作権法の再検討、⑨障害者のコミュニケーションを支援する人材の養成とネットワーク化、⑩教育支援、⑪支援技術」の11項目と多岐にわたっています（同上: 99-100）。例えば⑤のような料金の低廉化も、「『点字資料の送料が無料であることも情報保障の一つ』という意見が視覚障害のメーリング・リストにあった」（同上: 98）ように、間接的に障害のある人への情報を保障することにあたるとされます。これらのまとめから、田中は情報保障の範囲をより広く考える必要性を指摘し、広義の情報保障を「障害者が情報を欠くことがないようにするという同意から発する社会的活動ないし配慮であるが、その障害の故に情報を不十分にしか受け又は伝えることができない障害者に対して、他者又は機器により、必要に応じては感覚モダリティ[23]の変換も行なうこと

によって、可能な限り正確に受け又は伝えることを支援する」(同上：111-112) こととして、情報保障の定義を提案しています。

　あらゆる障害種において、情報保障の必要性がとくに主張されるのが、災害時等の緊急事態下の情報保障です。阪神・淡路大震災の際などの非常時、最も必要な際に障害ゆえに情報が入手できないという状況が起きてしまったことに対し、聴覚障害のある人に対する文字による情報提供の必要性、また外国人住民・非日本語話者や知的障害のある人たちに配慮したわかりやすい情報の必要性が訴えられてきました (田中 1999、水野 2006)。災害時の情報保障は、平時からの情報提供や支援体制の整備があってはじめて可能となります。また、災害時に限定されず、緊急の場面での医療現場における情報保障も、生存のための情報保障と考えられます。加えて、司法の場や選挙等の諸権利を行使する場面での情報保障や、障害のある人が被告等の場面で自らの身を守るための情報保障も未だ十分ではありません。また、社会福祉学分野からは、障害のある人の生存を左右するものとして、福祉に関する情報(以下、福祉情報と称します)が情報保障の対象となるべきという主張もあります (生田 2002、加藤・横溝 2007)。障害のある人が福祉情報に直接アクセスできたとしても、専門用語や複雑なサービスに関する情報をどのように理解し活かしていくかという点にはむずかしさがあり (生田 2002)、福祉ニーズとサービスに関する知識や経験に基づいた情報提供と支援が必要です[24]。

　このように、障害のある人に対する「情報バリアフリー」でカバーできない、ICT を介さない部分も含めてさまざまな情報提供が必要とされる時、それらに応える概念が「情報保障」であるといえるのではないでしょうか。「情報保障」は、情報バリアフリーとは異なり、ICT に限定されずどのような場面においても用いることのできる幅の広い概念です。知的障害のある人たちと「ことば」に関する複合的な差別及び抑圧の状況や、ICT に限定されない情報アクセスの必要性を考慮すれば、障害のある人を情報伝

達やコミュニケーションの「主体」として、さまざまな範囲を広くとらえることのできる「情報保障」を考え、そのための具体的な手段を検討していく必要があるといえます。

## ◆情報支援から情報保障へ

　これまで、視覚や聴覚に障害のある人への情報保障に関しての研究や実践において、具体的な場面での課題解決では、①「情報の発信側が実施すべき、あるいは発信元が役割を果たすべき直接的な配慮の視点」、②「手話通訳や要約筆記、ガイドヘルパーのように、発信者・受信者の間に支援者なり、仕組みが介在することで課題解決が可能となる間接的な配慮の視点」の二方向から障壁を低める必要性が指摘されてきました（太田 2006: 9）。これを知的障害のある人たちの場合に照らし合わせて考えると、①は原文のリライトを含む、当事者の視点から見て「わかりやすい」かたちでの文字情報の提供、②は読み書き・コミュニケーションに関する対面的な人的支援、と読みかえることができます。しかし、これまでの先行研究の多くをこの観点から見てみると、社会福祉学的な領域からは②のアプローチがほとんどであり、①の観点は欠けています。また、他の障害種と比較しても大きく対応が遅れています。①②の観点の双方から、とくに立ち遅れている①の観点を重視しつつ、知的障害のある人たちの情報保障を達成していく必要があります。

　ところが、これまで視覚や聴覚に障害のある人を対象に行われてきた「情報保障」は、その他の「障害者」の領域、とくに知的障害のある人の領域で論じられることがほとんどありませんでした。つまり、知的障害のある人と「情報保障」という用語自体が結び付けられることがほとんどなかったのです。知的障害のある人の情報保障がこれまでほとんど議論の対象とされてこなかったのはなぜでしょうか。

それには、二つの理由が考えられます。まず、知的障害のある人は言語理解に困難があると社会的にも学術的にも考えられてきたことです。これについては第1章で、「ことば」に関する価値観に意味づけられたものを通して確認してきました。もう一つは、社会福祉学の領域において、知的障害のある人が日常的に利用する情報のほとんどは人を介した伝達によると考えられてきたことです[25]。

　この点についてもう少し掘り下げてみましょう。社会福祉学の領域では「情報支援」という用語が存在しています。これまで、知的障害のある人への情報伝達は、当事者の自己決定を問うにあたっての「支援者」の情報伝達・コミュニケーションの問題として検討されてきました（松矢1997、越永2000、末永2009など）。すなわち、当事者の「自立」や「自己決定」、そのための支援や援助を謳う社会福祉学の領域においてさえ、知的障害のある人たちの情報アクセスは当事者が「直接」関わる課題でないと長く認識されてきたといえます。例えば、越永至道は、社会福祉的な立場から知的障害のある人たちのライフスタイルの選択における情報提供の必要性について論じていますが、情報提供に関する「支援」における課題として、「①情報とは、情報提供とは何か」、「②情報提供は価値に対して（支援者が）中立でありうるか」、「③情報は提供されていないのか、それとも本人に届かないのか」、「④情報の提供対象は、本当に本人だけでよいのかどうか」、「⑤本人からの情報を分析する必要、能力を評価する必要性」の5つを考える必要性を指摘しています（越永 2000: 24-25）。越永の「情報提供」への視点は重要なものではありますが、この5つの課題には知的障害のある人たちが情報に「直にアクセスする」ことが想定されていません。

　これは、知的障害のある人たちの日常生活に関する諸問題を、「支援者」（または家族）がすべてカバーする存在として捉えてきたことが一因であると考えられます。また、「情報支援」「コミュニケーション支援」などの用語にみられるように、支援者が行う支援は情報提供に関する「支援」とみ

なされてきたことにも起因していると考えられます。すなわち、ガイドヘルパーや共に生活する家族や支援者が生活に必要な情報を「わかりやすい」かたちにして伝えているという前提があるゆえに、情報伝達において問題が生じた場合は、それらが全てコミュニケーションの困難や、情報「支援」を行う側の問題へと還元されていると考えられます。実際、第1章で述べた当事者学である「障害学」の定義においてさえも、知的障害とは「(相談・誘導・助言・指導といった)支援が日常的に手に入らないこと」(杉野 2005: 19、強調筆者)と表現されることもあります。

しかしこれでは、やさしく読める出版物や「わかりやすい」情報を生み出すことを含めて、即時的な情報「支援」ではできないことや出版元が整えるべき問題点も、支援の対象の側に一くくりにされて不可視化される可能性を残すことになってしまいます。

もちろん、支援者や生活を共にする家族などは、意識的にも無意識的にも情報伝達やコミュニケーションの仲介役となり、知的障害のある人たちのディスアビリティを軽減する術をいわば支援技術として持ち合わせているでしょう。実際、知的障害のある人たちへのガイドヘルプなどの場面では、個々のニーズに添うかたちで支援者が説明を行うなどの情報提供が行われています。しかし、「はじめに」で紹介した知的障害のある本人からのニーズ (p.4-5) にも表れているように家族や支援者による「抑圧」という問題や[26]、親が情報伝達者になることによる「通訳」の問題の利便性とむずかしさも生じているはずです。通訳が持つ問題は、例えばろう者‐聴者間での「通訳の善意」の問題に代表されるように、周りにいる人間こそが彼らをエンパワメントしつつ彼らの力を奪っているという側面を有しています(金澤 2003)。知的障害のある人たちの個別具体的な「わかりにくさ」の解消や社会に向けた意思の表現についても、支援の側の問題として全て論じてしまうのには限界があるはずなのです。

ここまで述べたことは、知的障害のある人たちの社会生活において、必

要に応じて支援し、共に考え、意思決定支援を行う支援者が不要という意味ではありません。ただ、家族や支援者の存在があるからこそ、当事者が直接情報にアクセスすることへの必要性自体が不問とされてきたことには、問い直しの余地があるのではないでしょうか。

## ◆知的障害のある人たちの情報保障における課題

　前節であげた、知的障害のある人たちが「直接」情報にアクセスする主体とみなされてこなかったことには、社会全体や当事者の周囲が知的障害のある人たちをどういうものとして捉えているかということが背景にあります。第1章でも触れましたが、知的障害は文字情報を「読めない」「理解できない」という障害観や言語観が社会通念として深く浸透していることそのものの問題でもあります（あべ 2009）。

　知的障害のある人たちが文字情報や情報媒体を前に「主体」として扱われないこと、すなわち、情報やことばを理解しない（できない）、あるいは知的障害のある人が思考する能力を持たないという社会的通念に対して、どのように抗っていけるのでしょうか。

　この問題に対しては、例えば、知的障害のある人たちに「読書」へのニーズが存在することが、一つの反論となるでしょう（藤澤・服部 2009）。藤澤和子は、知的障害のある人たちと「読書」について「その人たち（知的障害のある人たち等）に合った本や読書環境のないことが問題であるということに視点を置くべき」（藤澤・吉田 2009: 85）と主張し、わかりやすい書籍を広めたり、図書館の利用を推進したりしています。

　また、「重度」の知的障害のある人たちが、文字情報や読書に親しむこと、また思考する人々であることを裏付ける研究成果や当事者による発言も存在しています（要田 2008、柴田 2010、東田 2007、2014）。例えば社会学者の要田洋江は、「重度」の知的障害がある人へのファシリテイテッド・

コミュニケーション（筆談支援、以下 FC 支援）を取り上げ、FC 支援に対する社会的障壁は「専門的（科学的）知識の中の『知的障害』者観」であると指摘しています（要田 2008: 98）。要田は、筆談支援を利用している「重度」知的障害のある人家族からの聞き取り調査を通して、「重度」知的障害のある人たちの思考力の高さやその生活の質、コミュニケーションに対する当事者の安心感等について言及し、「筆談支援というコミュニケーションのあり方そのものが、従来の専門的知識の問い直しを示唆している」（同上: 92）と指摘します。すなわち、専門的な知識は「社会の中の『健常者』をモデルとして構築されている」がゆえに、「『知的障害』者は、『何も分からない人』、『何も考えない人』というとらえ方を導いている」（同上: 98）のです。

　もちろん、要田の先行研究はあくまで能力主義的な観点からの反証です。また、FC 支援については発言の真偽が疑われることもあります[27]。ですが、本節でこれらを引いて問い直したいのは、「誰」が発言しているかという問題ではなく、重度の知的障害のある人に文字を介した自己主張がかなう「はずがない」という固定的な見方です。

　実際に重要なのは、知的障害のある人が「できない」人々ではなく「できる」人々であることを証明することではなく（それも場合によっては大きな意味を持ちますが、とりあえずここでは措きます）、そもそも「文字」や「言語」に表象されてしまう多様なコミュニケーションを、「できる」／「できない」という二分法で測ることをしない、ということではないでしょうか。知的障害のある人たちの情報保障の必要性を論じ、それを社会的に広めていくことはつまり、知的障害のある人たちが情報伝達や社会的なコミュニケーションから排除されているという事実が意味するところを突きつめ、その背景にある社会通念を「解体」することと重なるのではないでしょうか[28]。つまり、「知的障害者がおかれた社会環境そのものをといなおす視点が必要」（あべ 2009: 246）なのだと考えられます。

このことはすなわち、「『知的障害』概念を生み出している、健常者をモデルとした概念枠組みが基盤とする、人間観、言語観、障害観を問い直す必要」（要田 2008: 92）に迫られていると言い換えられるでしょう。

　次の章では、軽度や中度の知的障害のある方に適した、日本語の「わかりやすさ」に焦点をあててみたいと思います。「わかりやすい」情報提供についての先行研究やこれまでの実践について論じていきます。

■注
1　「合理的配慮（reasonable accommodation）」とは、「障害者権利条約」で定義された概念です。障害者の人権と基本的自由及び実質的な機会の平等が、障害のない人々と同様に保障されるために行われる「必要かつ適当な変更及び調整」であるとされています。「おわりに」でも取り上げます。
2　そもそも、欧米ではアクセシビリティを論じる際に人権・平等・公平性を確保しようという背景が確立していることから、アクセシビリティ（accessibility）の議論には「（均等な）機会、権利、自由」が含意されていることが指摘されています（中村 2005）。
3　IT アクセシビリティの国際的動向及びそれらの比較についての詳細は（関根: 2005）を参照してください。
4　「障害者権利条約」は、障害のある人への差別や抑圧の状況を改善するための、障害者を権利主体とする障害観に立脚しています。この条約は 2006 年に国連によって採択され、日本は 2007 年に署名、2014 年に批准しました。http://www.un.org/disabilities/
5　「障害の人権モデル」とは、国際障害者法から人権価値の尊厳の文脈において定義されたものです。このモデルでは、「障害の「問題」は障害が表している差異に対する国家及び市民社会の責任の欠如から生じるもの」（川島・東 2008: 14-15）とされています。
6　視覚障害のある人の情報環境は、機器の進化による紙面媒体の電子化によって飛躍的に改善されてきています。しかし、視覚障害のある人の IT リテラシーの有無により、情報機器との接点は二極化する方向にあります。
7　通商産業省による「障害者・高齢者等情報処理機器アクセシビリティ指針」は以下を参照して下さい。http://www.meti.go.jp/kohosys/topics/00000085/

8 人権と情報バリアフリーに関する政策の動向等は、清原（2002）、薗部（2002）などを参照して下さい。
9 IT 基本法は以下を参照しました。http://law.e-gov.go.jp/htmldata/H12/H12HO144.html
10 こうした動きに関連して、日本弁護士連合会による「障害者差別禁止法案」では、障害のある人が情報を受発信する権利を認めることを前提としており、これを「情報アクセス権」としていました（日本弁護士連合会人権擁護委員会編 2002）。
11 さらに 2011 年の改正で、障害者基本法第 22 条では、「国及び地方公共団体は、障害者が円滑に情報を取得し及び利用し、その意思を表示し、並びに他人との意思疎通を図ることができるようにするため、障害者が利用しやすい電子計算機及びその関連装置その他情報通信機器の普及、電気通信及び放送の役務の利用に関する障害者の利便の増進、障害者に対して情報を提供する施設の整備、障害者の意思疎通を仲介する者の養成及び派遣等が図られるよう必要な施策を講じなければならない」、「国及び地方公共団体は、災害その他非常の事態の場合に障害者に対しその安全を確保するため必要な情報が迅速かつ的確に伝えられるよう必要な施策を講ずるものとするほか、行政の情報化及び公共分野における情報通信技術の活用の推進に当たつては、障害者の利用の便宜が図られるようとくに配慮しなければならない」、「電気通信及び放送その他の情報の提供に係る役務の提供並びに電子計算機及びその関連装置その他情報通信機器の製造等を行う事業者は、当該役務の提供又は当該機器の製造等に当たつては、障害者の利用の便宜を図るよう努めなければならない」とされました。
12 この法律は 2016 年 4 月より施行されています。
13 行政機関等は義務化されていますが、企業等では努力義務の段階にとどまっています。今後の法改正に伴って変化が予想されます。
14 他にも「物理的な障壁」「制度上の障壁」「意識上の障壁」が指摘されています（総理府 1995）。これらもまた「情報バリアフリー」と密接にかかわるものです。
15 ここでは一般的な意味合いを強調するため、「情報バリアフリー」でインターネット検索すると上位に出る情報技術研究機構のウェブサイトにある定義を参照しました。http://barrierfree.nict.go.jp/index.html
なお、この一般的な意味合いの中にすでに「身体障害者」という限定がみられるように、知的障害や発達障害のある人たち、精神障害のある人たちなどは、「情報バリアフリー」の対象として考えられていない風潮があることは、以下でも論じる通りです。
16 山田は「情報バリアフリー」に関して、障害者の情報の受発信をスムーズにするためには、購入可能であること（affordability）、操作や利用の能力があること（literacy）、情報の受発信が出来ること（accessibility）、容易に利用できること（usability）の 4 つを達成することが必要だとしています（山田 2005、2008）。この定義ではアクセシ

ビリティが「情報バリアフリー」の1要素とされています。
17 デジタル・デバイドの定義は総理府編（総理府 1998: 3）よりまとめました。障害者白書は平成16年度より、第5章第2節に情報バリアフリー施策や情報支援事業等に関する取りくみをまとめています（内閣府 2004）。
18 例えば2002年に閣議決定された「障害者基本計画」では、a) 情報バリアフリー化の推進、b) 社会参加を支援する情報通信システムの開発・普及、c) 情報提供の充実、d) コミュニケーション支援体制の充実、の四つの方向性が提示されています。障害者基本計画は以下を参照して下さい。http://www8.cao.go.jp/shougai/suishin/kihonkeikaku.html
19 実は『障害者白書——平成10年版』（総理府 1998）ではすでにこのことが懸念されていました。また、同白書は障害者の情報ニーズの多様性にも触れています。しかしそれらに対する対策は、さらなる情報システムや機器の開発、あるいは障害特性に応じた訓練等についてのみ言及されており、問題をさらに増長する方向へと結論付けられています。
20 関連して、障害ゆえに情報機器の利用法が入手できない人々に対して、厚生労働省の「地域生活支援事業」の「障害者IT総合推進事業」によって、「パソコンボランティア」による障害者のパソコン利用への支援という対策がとられています。そうした対応策が現状のデジタル・デバイドへの早急な解決策として必要ではあることはもちろんですが、それらが「ボランティア」の下で行なわれていること、それらがバリアフリー政策を補完する形でしかないこともまた問われるべき問題です。
21 文部科学省は、情報教育や授業におけるICT活用の必要性などの背景を受け、2009年に『教育の情報化に関する手引』を作成しています。
http://www.mext.go.jp/a_menu/shotou/zyouhou/1259413.htm
22 田中邦夫は情報保障という用語を学術的に整理するにあたって、各障害に対応する情報保障を「方法」と「人的資源・用具」に分けて整理しています（田中 2004: 96）。
23 感覚モダリティとは、「人間の感覚の種類、あるいは『情報のかたち』の種類をさす」（あべ 2011: 1）とされます。それぞれの感覚機能に対応する情報保障について、あべ（2011）が詳細な分類を行っています。
24 情報保障の必要性の論拠は、主として、情報バリアフリー等と同様の「人権」及び「権利」に帰します。国内における「情報アクセス権」の性質及び内容は、憲法第21条（表現の自由）に規定される「知る権利」をベースに、第13条（個人の尊重）、第14条（法の下の平等）、第25条（生存権）、第26条（教育権）、第27条（労働権）の保障としての側面を持つことが指摘されています（関川 2002: 166）。また、情報アクセスは「生存」に密接に関する情報を得るための権利としても主張されることもあり、「時として「生存権」という意味を担うこともある」（山下・井上 1996: 131）ことから、

「いのちをまもる」という視点から議論されることもあります（あべ 2011）。生存を支えるレベルでの情報保障は、人権保障の上でも最低限の義務と考えられます。
25 知的障害のある人たちが得る情報は家族・友人・支援者等の身近な人を通じてが最も多いとされています（松矢 1997）。
26 もっとも、知的障害がある人たちの場合は、親であることが「子の障害によって当事者性を経験する」（中根 2006: 14）こともあり、他の障害の抑圧の問題とは区別されるべき点もあります。
27 FC 支援は代筆で行われており、本当に当事者の発言かどうかの真偽が問われることが非常に多いです（滝本・石井 2002 など）。ちなみにこれは重度心身障害のある人の発言にも同様の傾向がみられます。
28 関連して、西村愛（2009）は知的障害者の地域生活を支援することにおいて、『普通の暮らし』や『主体』に込められた社会的な自明性を再検討していく必要性を訴えています。社会福祉領域においても、こうした問い直しが少しずつなされてきています。

# 第3章
# 知的障害のある人たちと「わかりやすい」情報提供

　この章では、知的障害のある人に適した「わかりやすさ」に焦点をあてて、知的障害のある人への「わかりやすい」情報提供に関する実践と先行研究を整理します。情報保障の具体的な方法と、その実現のための課題について考えてみたいと思います。

## ◆「ことばのむずかしさ」という問題のとらえ方

　ここで一度、「障害」の枠を外して、ことばの「わかりやすさ」と「むずかしさ」という観点から問題を見直してみたいと思います。

　実は、身体・知的・精神障害の有無に関係なく、情報アクセスにむずかしさを有する人々の問題は「プリント・ディスアビリティ」（Print Disabilities）と総称されています。プリント・ディスアビリティとは、紙面媒体の印刷物を通常の形で読むことに関する困難を意味します。例えば、視覚障害のある人に紙面媒体を渡しても、読み上げる方法がなければ情報が伝わりません。また、移民などでその国の言語に不慣れな人々は、書かれている内容がわかりやすくなければ読解に困難が生じてしまいます。

　知的障害のある人たちもまたプリント・ディスアビリティを有する層といえます。しかし、知的障害のある人たちのプリント・ディスアビリティについての議論や、調査・研究は他障害種や言語的に弱い立場の人たちと比較すると非常に少ないという特徴があります。とくに日本国内において、その傾向は顕著です。

筆者は 2010 年に、軽度から中度の知的障害のある人たち 16 名に対して、文字情報を介するメディアとの接点及びその具体的様相を把握し課題を検討するために、半構造化面接法による聞き取り調査を実施しました（打浪 2014b）。その際には、文字情報との接点において、普段の生活で支援がない際は「読み飛ばす」、あるいは「わかりやすい情報源を探して利用する」という方法をとっていることが示されました。また、就労時は家族・支援者・職場の同僚または上司、日常生活時は主に家族に「代筆・代読を頼む」ことにより、自助努力や支援によって健常者と同水準を達成しようとする対処を行っている方がほとんどであったことを明らかにしました。こうした問題もまた、「ことば」の「むずかしさ」の実態であると捉えることができます。「わかりやすい」情報提供が彼らの日常生活や就労等の場面でとても足りていないこと、「わかりやすい」情報の普及の推進と告知、そして読み書きに関する第三者支援のあり方の検討や、家族・支援者らへの意識啓発なども併せて必要なことが示されています。
　この先の章では、知的障害のある人にとっての「むずかしさ」や「わかりやすさ」を検討しながら、それらが「ことば」のむずかしさを抱える他の群と共通性があるかどうかを考えてみたいと思います。

## ◆「わかりやすい」情報提供に関する現状

　それでは、各国における「わかりやすさ」への取り組みについて、概観してみましょう。

### ・北欧の動向
　プリント・ディスアビリティを有する知的障害のある人たちへの情報提供については、北欧を中心として 1970 年代から「わかりやすい」言語情報（Plain text、あるいは easy-to-read）による情報提供に関する研究及び実

践が展開されています（Wennström 1995、Lindman 2008 ほか）。読みやすさ（readability）の観点からのみでなく、福祉的あるいは権利擁護的な観点から、「わかりやすい」書籍や情報提供の必要性が指摘されてきたからです（Farm 1996）。また、エンパワメントの観点からの情報アクセスの有効性が示されていることから（Owens 2006 ほか）、「わかりやすい」文章によるエンパワメントを目的とした書籍も、英語圏を中心に多数出版されています[1)]。

　知的障害のある人たちに対するわかりやすい情報提供は、1930 年代に英国やカナダで発行された『障害者がやさしく読める本』に端を発するとされています。ファルム（1999）によれば、1960 年代の北欧でのノーマライゼーション思想の広がりとともに、スウェーデンでは 1960 年代後半から司書や障害者団体によって、本を読むことがむずかしい人々が読めて理解できる文学が必要であることが主張され、「LL ブック」（やさしく読める本）の作成が始まったそうです。LL とはスウェーデン語の「lättläst」（「読みやすい」の意）の略称です。

　やがて、知的障害のある人たちや言語的に困難を抱える人々の主張が、民主主義や正義を実現する上で重要な課題であることを認めたスウェーデン政府の主導によって、LL ブックグループが形成されました。以降、知的障害のある人たちや言語的困難を抱える人々の読書活動が推進されていきました。スウェーデン教育省は 1968 年に LL ブックの出版を始め、1987 年に LL 協会（Centrum för lättläst）を設立しています。この LL 協会は、①青少年・大人たちに対しての LL ブックの編集、②官公庁の通知を簡単に書く、③広報を簡単に書き直し市に対しノウハウを教える、④代理朗読人の要請、の 4 事業を中心に行っていました（小林 2011）。また、LL 協会は毎年 30 冊程度の LL ブックを発行するとともに、新聞「8 SIDOR」を毎週発行していました[2)]。「8 SIDOR」とは 8 ページを意味し、紙面は全 8 ページで作成されています。やさしく読めるものを想定して作成され、内容は政治や経済の話題等と多岐にわたっています（Lindman 2008）。

このような「わかりやすい」情報提供への動きは北欧を中心に広まり、第一言語へのアクセスに困難を抱える人のために、国際図書連盟（The International Federation of Library Associations and Institutions、以後IFLA）が中心となって「読みやすい図書のためのILFA指針」3) が1997年に作成され出版されています。

読みやすい図書のための配慮点として、以下の9点があげられています。

1　具体的に書く。抽象的な言葉は避ける。
2　論理的にする。話の展開は論理的一貫性をもたせるようにする。
3　話の展開は長い前置きなしで、直接的且つシンプルなものとし、登場人物も多すぎないようにする。
4　読者に誤解されるような暗示的な言葉（隠喩）は　避ける。
5　簡潔にする。いくつかの話の展開をひとつの文に詰め込まない。一行に意味上ひとつながりの語句を置く。
6　むずかしい言葉は避けるが、きちんとした大人の言葉を使う。なじみの無い言葉は前後関係を手がかりに説明をする。
7　複雑な関係は具体的且つ論理的に説明または記述をする。出来事は論理的及び時系列的な枠の中で、起こるようにする。
8　著者やイラストレーターには、読者を知り、読む障害とはどういうことなのかを、よりよく学ぶよう奨励する。読者に実際に会って、彼／彼女らの経験や日常生活について話を聞かせてもらうのもよいだろう。
9　印刷する前に、出来上がったものを試してみる。対象グループの代表者に試してもらい、満足の行くものか、確認する。

このガイドラインでは、読みやすい図書の読者として二つの主要なグル

ープが想定されています。ひとつは「読みやすい書物が本来必要な障害者」[4]、もうひとつは「語学力あるいは読む能力が不充分な読者で、暫くの間、この種の図書が役に立つ人々」です。民族や多言語の入り混じる国々では、これら2つのグループに共通する有効な手段として、読みやすくわかりやすい書籍やアクセシブルな情報提供が追究されてきました。とくに北欧では、福祉的分野からわかりやすく読みやすい図書の普及の流れが広まったのち、障害ゆえに情報の受発信が困難な人々、そして多言語を背景とした情報保障が必要な人々という二群に対して、一つの共通する情報源から情報提供を行う公共システムが確立するに至っているといえます。

現在、LL協会はメディアの利用を進める官庁であるMTM（MYNDIGHETEN FÖR TI I I GÄNGLIGA MEDIER）という組織に引き継がれています。「8 SIDOR」は引き続きウェブサイトで毎日更新されています。現在では、新聞などのウェブ上での時事情報の配信など、マルチメディアや音声使用も含めた「わかりやすい」情報提供がなされています。あわせて世界的な「読みやすさ」（easy-to-read）に関するネットワークが形成されるに至っています。[5]

・**英語圏等での動き**

英語圏では1950年代から公共性のある文書のわかりやすい表現（Plain English）に関して「わかりやすさ」の追究と実践がなされています（Gowers 1987、Cutts 2010、大木200など）。

また、情報がアクセシブルであることや文字情報が「わかりやすい」かたちで書かれていることは、知的障害のある人たちのエンパワメントとしても大きな意義があると考えられています。例えば、イギリスでは知的障害者関連団体であるメンキャップ（Mencap）によって2003年に「わかりやすくしていますか？ アクセシブルライティングのためのメンキャップガイドライン」、2008年に「わかりやすくしてください　読みやすい情

報にするためのガイド」が作成されています（名川ほか2006）。また、わかりやすい文章（Plain text）で記された当事者のセルフ・アドボカシーに関する書籍も各国で出版されており（Tufail, Lyon 2007abc ほか）、カナダやニュージーランド等でも知的障害のある人のの家族支援に関する団体等からセルフ・アドボカシーの要素に着目した「わかりやすいことば」（plain languages）の必要性が訴えられています（名川ほか2006）。

このように、福祉からの流れだけでなく、知的障害のある人や家族を支援する団体によるエンパワメントとして、またセルフ・アドボカシーを推進するものとしても、「わかりやすい」情報提供が推奨されている傾向にあります。

### ・日本国内の動向

それでは、日本語の「わかりやすさ」に関しては、どのような実践があるでしょうか。

まず日本語の「わかりやすさ」に関して、「こども新聞」等に代表されるような、子どもたちにとってのわかりやすさへの実践及び研究が存在しています（湯浅2006など）。さらに近年では、先に取り上げた「社会言語学」の分野に、日本語を第一言語としない人々に向けた〈やさしい日本語〉に関する社会的実践や研究蓄積が多数存在しています[6]。しかし、「障害」分野における「わかりやすさ」に関する実践はかなり限られたものとなっています。

1981年の国際障害者年のスローガンとして「障害者の社会参加」が謳われて以降、日本国内でも知的障害のある人の社会参加を目的とした情報・コミュニケーション支援が検討されてきました。しかし、知的障害のある人への情報伝達は長らく、家族や支援者が担うのが通常だと考えられてきたゆえに（松矢1997）、「わかりやすい」情報伝達は、しばしば支援者の課題として議論されてきました（越永2000、末永2009）。近年では、福祉

サービスの説明などに関する各地方自治体レベルでの「わかりやすい」パンフレットの作成など、知的障害のある人が読むことを想定した情報提供が行われるようになりました[7]。まだまだ実践も追究も決して十分ではありませんが、日常生活に根差した直接的な情報提供の中に、知的障害のある人の主体的な自己決定に配慮したわかりやすい情報提供への、萌芽的な動きが見られるようになりつつあります。

国の取り組みとしても、厚生労働省が 2006 年の障害者自立支

図3　LL ブックの例
（福）全日本手をつなぐ育成会刊

援法の整備の際、討議内容に関する「わかりやすい」版を作成して以降[8]、内閣府などでも障害関連法の整備の際の議論に関する情報を「わかりやすい」版としてウェブサイトに掲示するようになりました[9]。しかし、こうした取り組みは公的な情報提供は知的障害のある人が参加した会議に関するものや、障害に関する法律の説明などに限られており、社会全体でみると、「わかりやすさ」を意識して作られた媒体はまだまだ少ないと言わざるをえません。

では活字メディアなどを通じた、当事者が直接アクセスすることを想定した「わかりやすい」情報提供はどうでしょうか。国内で知的障害のある人を対象とした情報提供で最も早くから取り組まれているのは、当事者向けの書籍です。1990 年代から、社会福祉法人全日本手をつなぐ育成会などの知的障害のある人たちと関連のある権利擁護団体などにより、障害の

ある本人への知識の伝達やエンパワメントを目的とした書籍が出版されてきました。

また、1990年代後半より障害に関する考え方が当事者主体的なものに変化するのを背景として[10]、知的障害のある人が読みたいものを読めるようになることの喜びや、自ら情報にアクセスすることの重要性が、支援者の側から指摘されるようになりました（武居 1999、本間 1999、岩本 2003）。近年では、ごく少数ではありますが、知的障害児・者の関連団体だけでなく、知的障害のある人が読むことを想定した「わかりやすい」表現や、読みの困難を意識した書籍も発行されるようになってきました[11]。さらに、近畿視覚障害者情報サービス研究協議会LLブック特別研究グループが中心となって、近畿圏を中心としたLLブックの普及活動やさまざまな本や情報を「わかりやすい」かたちに書き換える実践を行っています（藤澤・服部 2009、小林 2011、藤澤・河西 2012）。しかし、それらの普及は十分ではありません。例えば、当事者が本を買いたいと思ったときに、どうすればよいのかが明確ではない（通常の書籍等では買えない）というむずかしさがずっと残されたままになっています。

書籍も決して多くないうえに、時事情報やその他のニュース等に関する幅広い「わかりやすい」情報提供の例は、現在に至っても極めて少ないのが現状です。知的障害のある人向けとしては、唯一、時事情報の配信や当事者主体的な話題を扱う媒体である「ステージ」が1996年に創刊されて以降、目立った実践はほとんどありません。

## ◆「わかりやすい」情報提供に関する先行研究の整理

ここまで、社会的な動きを中心に追ってきましたが、これらについてどのような研究がなされていたのでしょうか。

これまで、知的障害のある人たちへの「わかりやすい」情報提供に関す

る体系的な議論はほとんどなされてきませんでした。しかし、名川ほかが2006年に知的障害のある人への「わかりやすい」表現に関する海外の動向や国内の状況を初めて概観しました。今後必要と考えられる研究課題の例として、以下の4点があげられています。

① 知的障害者・発達障害者の情報アクセシビリティに関する理念的議論
② 国内外における活動の実態調査、制度調査
③ わかりやすい表現の書き方に関する言語学的・心理学的研究（基礎研究・実践研究）
④ ホームページ等公開と広報に関する実践的研究

（名川ほか 2006）

名川ほかのまとめはあくまで概観です。しかし、この研究はこれまでの知的障害のある人への情報提供を「わかりやすさ」という当事者主体に通ずる見地から初めて概観したものであり、今後の知的障害のある人の情報保障にとっての重要な最初の研究ととらえることが出来ると考えます。そこで、以下では、上の①〜④にあげられた課題について、現在までの先行研究の動向を述べてみたいと思います。

### ① 知的障害者・発達障害者の情報アクセスに関する理念的議論

第2章で述べた「障害者権利条約」では、情報・通信やコミュニケーションの保障に関する条項が策定され、知的障害のある人を想定した情報を平易にすることへの配慮が織り込まれています。障害のある人の権利擁護の観点から、情報提供についての合理的配慮を行うべきという考え方が世界的な潮流となりつつあることをすでに述べました。

国内の知的障害のある人の言語的な諸問題に踏み込んで、より具体的に論じたものとして、筆者の研究（古賀 2006、打浪 2009、2011）や、あべ

(2009)からの問題提起などがあります。知的障害のある人を言語的に弱い立場の人たちとしてとらえるのではなく、これまで知的障害のある人を言語的に弱い立場の人たちとしてきた社会と言語のあり方こそが問題である、というように見方を変える必要性が主張されています（古賀 2006）。

知的障害のある人は言語の理解や運用に困難を生じることから、言語情報を必要としていないという社会的通念は根深く（打浪 2011）、知的障害のある人に「わかりやすい」かたちでの情報保障が必要だ、という社会的な認識は未だ充分になされるに至っていません。ですが、情報保障を一つの「権利」ととらえるのであれば、条約や法律の成立があるように、権利擁護の観点からは徐々に一定の裏付けがなされつつあると言えます。

②国内外における活動の実態調査・制度調査

海外の動きについては、日本障害者リハビリテーション協会がウェブサイトその他を通じて各国の現状や動きについて積極的な紹介を行っています[12]。

また 2008 年には近畿視覚障害者情報サービス研究協議会 LL ブック特別研究グループによって、LL ブックの普及のためのセミナーが開かれたり、国内の LL ブック及び「わかりやすい」文章で書かれた書籍がリスト化されたりしています[13]。上記グループの実践により、国内のわかりやすい書籍に関しての実践や情報整理はわずかながら進んでいるといえるでしょう。しかし、そうした社会的活動や実践について、各実践への詳細な実態調査は充分には進んでいません。

③わかりやすい表現の書き方に関する言語学的・心理学的研究（基礎研究・実践研究）

知的障害のある人たちの読み書きについては、特別支援教育・情報処理・認知心理学領域で多く研究がなされており、認知メカニズムの解明に

関する先行研究はすでに数多く存在しています（松本 2001 ほか）。しかしこれらの多くは最初に述べたように、識字・読解能力の向上が目的であり、そのための手段に焦点化されているものがほとんどです。先行研究において、知的障害のある人たちの文章理解の度合いの実証はテスト形式で測られています。このことは、知的障害のある人たちの「わかりやすさ」の実感や「わかりやすい」情報提供へのニーズを見えにくくしてしまうことにつながるのではないでしょうか。

　特別支援教育の分野では、知的障害のある人の情報の理解度を「行動」で測ることが多いのですが、その方法を使って知的障害のある人への災害情報をいかにわかりやすく伝達できるか、情報を理解して行動できたかに関する研究（山根・池 1995）があります。その他には、知的障害のある人たちが平易な表現で書かれた文章を音読できるかどうかで理解のむずかしさを検討し、「読みにくさ」を検討した研究（春山 1998）があるのみです。春山らの研究では、知的障害のある人たち7人がそれぞれ当事者向けの新聞を声に出して読み、分かりにくい箇所は質問する形式で当事者7人に調査が行われました。結果として以下の点がまとめられています。

・かんたんな日常語がわからない（例えば「雇う」と「働く」）
・平凡な表現が良い（"大のジャイアンツファン" よりも "ジャイアンツの大ファン"）
・聞いたことのない言葉は、ふりがながあっても読めない
・言葉と文章の区切りがわからないので、読点・句読点をもっと使う
・いくつかの言葉をつなげた複合語の読み方が難しい（例 "東京都育成会"）
・ひらがなが続くと区切るところがわからない
・単語や文節の途中で行を変えない

（春山　1998: 16-19）

語種別の読みの状況では、ひらがなと数字は全員が全部読めましたが、カタカナ表記は一部の人が部分的に読めずばらつきがあること、またローマ字は知的障害が軽度の人もアルファベットが苦手な傾向にあること、他に特記事項として漢数字は生活に必要な場面が多いが読めない人もいることが調査結果として示されています。また、この調査での結果は、「漢字かな交じり文がいちばん読みやすい」こと、また「分かち書きは万能ではない可能性」が示されています。文章を理解することと文例を「読み上げる」ことは同一のことを意味するのではないこと、また通常の情報を受け取ることと国語の授業で教科書を読むことにも開きがあることを踏まえたうえでも、知的障害のある人たちのわかりやすさについて参考になる結果であると考えられます。ただし、今後さらなる検証は必要です。
　知的障害のある人向けの「わかりやすさ」に関する研究は、知的障害のある人向けに書かれた文章を分析することが中心でした（武藤ほか 2010 など）。言語学や心理学の視点にふみこんだものはほとんどありませんでしたが、「ステージ」などに関係する、あらかじめ「わかりやすい」ことを前提に書かれた文書の計量言語学的分析が散見されるようになってきています（打浪ほか 2017、羽山 2017）。
　また、ここ数年では、知的障害をある人を交えてのリライトの経験則から、「わかりやすさ」に関するルールが導出されてきています（野澤 2006、藤澤・河西 2012、打浪 2014a など）。「わかりやすい」かたちへのリライトの実践の経験知に基づいて、知的障害のある人たちへの情報提供への配慮事項をまとめた実践研究もいくつか見られるようになりました。北九州手をつなぐ育成会による「知的障害者の情報提供に必要な配慮に関する調査研究」や [14]、図書館案内の LL 版の作成を通じたわかりやすさの実践的追究などです（藤澤・河西 2012）。後者の藤澤和子らは、知的障害のある人を交えた「わかりやすい」図書館利用の作成の実践の中から、知的障害のある人たちにとって「わかりやすい」かたちに変更するための、リライト

のポイントをまとめています（藤澤・中西 2012）。
　こうした研究にもとづき、2015 年には全国手をつなぐ育成会連合会により、知的障害のある人への合理的配慮を推進することを目的に、「わかりやすい情報提供のためのガイドライン」が作成されました。以下に、テキストをリライトする際の注意点について抜粋します。

【具体的に書く】
○難しいことばは使わない。常とう語（ある場面にいつもきまって使われることば）を除いて、漢字が 4 つ以上連なることばや抽象的な概念のことばは避ける。
○具体的な情報を入れる。
○新しい情報を伝えるときには、背景や前提について説明する。
○必要のない情報や表現はできるだけ削除する。
○一般的にはあたりまえのことと思われても、当事者にとって重要で必要だと考えられる情報は入れる。

【複雑な表現を避ける】
○比喩や暗喩、擬人法は使わない。
○二重否定は使わない。
○それぞれの文章に重複した「のりしろ」を付ける（指示語を多用せず、あえて二度書く）。
○名称等の表記は統一する。

【文の構成をはっきりさせる】
○手順のある内容は、番号をつけて箇条書きで記述する。
○大事な情報は、はじめにはっきりと書く。
○一文は一つの内容にする。内容が 2 つある場合は、2 つの文章に分

ける。
○話の展開は、時系列に沿う。
○接続詞はできるだけ使わない。
○主語は省かない。

【表記】
○横書きを基本とする
○1文は30字以内を目安にする。
○常とう語は、そのまま用いる。
○常とう語を除く単語には、小学校2〜3年生までの漢字を使い、漢字にはルビをふる。
○アルファベット・カタカナにはルビをふる。
○なじみのない外来語はさける。
○漢数字は用いない。また時刻は24時間表記ではなく、午前、午後で表記する。
○はっきりとした見やすい字体（ゴシック体）を使う。

このガイドラインに書かれていることは、経験則からの法則です。その一部には、実証はないものもあり、研究が続けられています。第4章で述べる調査もその一部です。

**④ホームページ等公開と広報に関する実践的研究について**
知的障害のある人を対象とした研究として確立されたものは、シンボルを利用した時事情報の配信に関する実践的研究が1例（棟方・山口 2009）あります。

また、インターネットを利用したわかりやすい情報提供は、先述したように内閣府などの政治関連や公的機関の「障害」に関する広報を中心に少

しずつ見られるようになりましたが、そのページにアクセスのための経路の整備は充分とはいえない側面を残しています[15]。こうしたアクセスの詳細な解析には、知的障害のある人たちからの検証が不可欠です。しかし、知的障害のある人たちのインターネットを利用した情報アクセスに関する調査はいくつか散見されますが、そもそも当事者の生活に即した利便性や困難性がまだ充分には明らかにされていません。知的障害のある人たちのインターネット利用率は上昇傾向が指摘されていますが（打浪 2015a）、インターネットの利用実態の詳細及び利用における困難性は未だ充分に明らかにされているとはいえません。筆者の研究では、軽度や中度の知的障害のある人は、パソコンや携帯電話を活用している少数派と、あまり利用しない多数派に分かれることを質的調査から示しましたが（同上）、そこまでにとどまっています。

　ここまで見てきたように、知的障害のある人たちへの情報保障は法的にも権利擁護の観点が確立しつつある一方で、「わかりやすさ」は支援者にその多くが委ねられており、「わかりやすい」情報提供は学術的にも社会における実践にも、非常に蓄積が少ないことを確認しました。
　「わかりやすさ」を必要としているのは、どちらかと言えば軽度や中度の、日常生活においていわゆる健常者社会との摩擦を多く抱えている人々です。知的障害のある人が何かを考えたり決めたりする場面において、その人が自らの意思を表明しやすい状況は考慮されているでしょうか。彼らが意思を表明しやすい場を設けることはもちろんですが、何かを選択する際に考えるための材料となる多様な経験だけでなく、それらを補う「わかりやすい」情報提供は、現在の社会では大きく欠けていると言わざるを得ません。
　以降の第二部（第4〜6章）では、「わかりやすさ」を社会に作ること、広げることをテーマにしていきます。知的障害のある人たちにとっての

「わかりやすさ」や「むずかしさ」を当事者目線から解明することや、その他の言語的な困難を抱えている人々との「わかりやすさ」の共通性を明らかにすることを試みていきたいと思います。

■注
1 　知的障害のある人たち向けに、平易な表現で書かれたセルフ・アドボカシー関連の書籍などが、国内外で出版されています（Tufful, Lyon 2007abc、社会福祉法人全日本手をつなぐ育成会編 2009 など）。
2 　詳細は以下を参照ください。http://8sidor.se/
3 　ガイドラインは 2010 年に改訂されています。論拠に障害者の権利に関する条約の情報・コミュニケーションに関する内容が加筆されています。http://www.ifla.org/files/assets/hq/publications/professional-report/120.pdf
　　日本障害者リハビリテーション協会の野村美佐子が本ガイドラインの作成に携わっており、邦訳版も作成されています。http://www.ifla.org/files/assets/hq/publications/professional-report/120-ja.pdf
4 　先天性及び後天性による脳機能障害、発達障害、知的障害、精神神経障害、認知症等によって情報の理解や認知に困難を有する場合、それらは認知障害（cognitive disabilities）と称されます。常時わかりやすい情報提供や図書を必要とする人々は何らかの認知障害を有すると考えられています。
5 　Easy-to-Read Network は以下。http://wordpress.easytoread-network.org/
6 　研究蓄積に基づいて、東日本大震災の際にも非日本語話者への情報提供が行われました（松尾ほか 2013、庵・イ・森 2013 など）。なお〈やさしい日本語〉については、第 5 章でも言及します。
7 　地方自治体では、各県の障害者就労支援センターなどが、知的障害者向けの就労支援に関する資料等を作成する例などが見られます。例として以下をあげておきます。http://www.city.chiba.jp/hokenfukushi/koreishogai/shogaishasodan/download/chiba_handbook_MR.pdf
8 　http://www.mhlw.go.jp/bunya/shougaihoken/jiritsushienhou19/dl/01.pdf　なおこのパンフレットは、後述する「ステージ」の発行元である（福）全日本手をつなぐ育成会の協力の下に作成されたものです。
9 　例えば、改正障害者基本法〈わかりやすい版〉などがあります。http://www8.cao.go.jp/shougai/suishin/kaikaku/pamphlet/kihonhou/index_pdf.html

10 1990年代から、知的障害のある当事者による活動（当事者活動、本人活動）は徐々に活発になっていきました。また同時期に、当事者学の一つとして「障害学」が日本に持ち込まれています。障害学については第1章で述べたとおり「個人のインペアメント（損傷）の治療を至上命題とする医療、「障害者すなわち障害者福祉の対象」という枠組みからの脱却を目指す試み」（長瀬 1999: 11）です。

11 知的障害のある人が読むことを意識した書籍の例として、当事者向けの社会生活ガイドやマナーなどが出版されています（「みて分かる社会生活ガイド集」編集企画プロジェクト 2013 ほか）。また、出版社が知的障害のある人向けの書籍を発行している例として、Sプランニングや埼玉福祉会が作成するLLブックなどがあります。例として以下をあげておきます。http://www.s-pla.jp/

12 公益財団法人日本障害者リハビリテーション協会では、以下のウェブサイトを中心としてさまざまな情報提供を行っています。http://www.dinf.ne.jp/index.html

13 近畿視覚障害情報サービス研究協議会「LLブック特別研究グループ」による、「LLブック・マルチメディアデイジー（DAISY）資料リスト」は以下にあります。http://homepage2.nifty.com/at-htri/LL&DAISYList090113.pdf

14 北九州手をつなぐ育成会は、支援者がいかに支援をするかという視点から「知的障害者の情報提供に必要な配慮に関する調査研究」（2011年）を行い、わかりやすい情報提供を「支援者」が現場で行う際の留意点を記したガイドラインを作成しています。http://www.kitaiku.com/kenkyu/pdf/file/file000022.pdf

15 例えば障害関係団体のウェブサイトには、知的障害のある人がアクセスすることを想定した当事者向けの「わかりやすい」ページを作っているところがあります。例として以下。http://www.jeed.or.jp/disability/person/person02.html しかしこのページにアクセスするための一つ上の階層や、全体のトップページは「わかりやすい」かたちに整備されていません。このようなパターンはとても多く見られます。わかりやすいページへのアクセスルートを整備することは大切な課題です。

第二部
「わかりやすさ」を作る・広げる

# 第4章
# 「わかりやすさ」を作る
## ──「みんながわかる新聞『ステージ』」を例に

　この章では、「わかりやすい」情報提供の実践にさらに迫るために、国内において知的障害のある人たちへの「わかりやすい」情報提供として先駆的な実践であった、「みんながわかる新聞『ステージ』」を取り上げて、検討してみたいと思います。

　知的障害のある方への「わかりやすい」情報保障の意義と課題、及び当事者の視点からの「わかりやすさ」や「むずかしさ」を示し、今後の知的障害のある人への「わかりやすい」情報提供への具体的課題を検討してみたいと思います。

## ◆みんながわかる新聞「ステージ」[1]

　「ステージ」とは、社会福祉法人全日本手をつなぐ育成会（現「全国手をつなぐ育成会連合会、この章では以下「育成会」と呼びます）が毎日新聞社の記者らと協力して1996年に創刊した、新聞の体裁をとる定期刊行物です。季刊であり、年4回のペースで発行されていましたが、発行元である育成会が解散届を提出することが決まった2014年3月以降は、休刊となっています。

　「ステージ」には、「みんながわかる新聞」というスローガンが掲げられています。作成にあたり、第3章でも取り上げたスウェーデンのわかりやすい新聞でもある「8 SIDOR」を模して作られました。A3版で8ページ、平易な文章で書かれており、漢字には全てふりがな（ルビ）がついていま

す。また、写真や図やイラストが大きく配置され、多用されています。知的障害のある人を対象として、全国規模で時事情報の継続的な配信を行っていた紙面媒体としては国内で唯一のものでした[2]。創刊時は5万部、その後1996年から2009年度までは毎号約5500部を発行していましたが、2010、2011年度は毎号約1万1000部、2012年度は毎号約1万2000部と増刷して発行していました[3]。2013年度以降は、発行は2000部以下にとどまっていました。

図4　ステージ（2012年秋号）

　「ステージ」の読者層は、文字によるコミュニケーションが可能な軽度の知的障害のある人と想定されています（野澤 2006a）。紙面の内容は、生活年齢と当事者の興味・関心に即した話題が選択されます。具体的には、1ページは関心の高い時事の話題、2、3ページはニュース及びニュースダイジェスト、4ページは趣味・芸能人へのインタビューなどのエンターテインメント、5ページはスポーツ、6ページは暮らし（生活に関連する・役立つ特集記事）、7ページは各地の特別支援学校の特色あるとりくみの紹介・読者からの反響・時期ごとのテーマ記事など、8ページは特集でした[4]。

　編集会議のメンバーは、新聞記者・支援者・軽度または中度の知的障害のある人たち[5]・育成会編集担当職員・オブザーバーなどで構成されていました。2011年6月以降は、知的障害のある編集委員の一人が編集長を務めていました。

図5 「ステージ」編集会議

　通常、一つの号の制作過程において、2、3回の編集会議が開かれていました。1回目は、どんな内容を載せるかという記事の検討、すなわち紙面の企画会議です。この際には、知的障害のある編集委員の発言が鍵となり、興味・関心や社会的な状況などをふまえた議論がなされます。さらに2回目は、1回目の記事選択に基づき、わかりやすい文章で書かれた原稿の草案の読み合わせを行います。この時、どのような単語や言い回しが分かりにくいのか、また、どういう言い方に変更することでわかりやすくなるのかが、全員で議論されます。3回目は紙面のレイアウトや最終校正、確認等です。これは編集担当職員と編集長のみで行われることもあったそうです。

## ◆「ステージ」の「わかりやすさ」

　「ステージ」の「わかりやすさ」への工夫のノウハウは、二つに分けられます。一つは視覚的な見やすさへの配慮[6]、もう一つはわかりやすい文章への配慮です。

　視覚的な配慮としては、できる限り視線の移動が少なくすむような配置が心掛けられています。また、文章の中で重要な単語は赤または太字で表示し、その部分だけ拾い読みをしても概略が理解できるような工夫があります。さらに、文章の改行は句読点や意味の切れ目に合わせて行っていること、紙面ごとに配色が統一してされており振り仮名の色も合わせてあることなども、特徴としてあげられます。

　文章への配慮としては、当事者とともに話題選択と文章の読み合わせを行い作成することが、最大の特徴です。「ステージ」の立ち上げと紙面編集に長年かかわった毎日新聞社の論説委員である野澤和弘は、「ステージ」

の編集過程での文章作成における経験則に基づいたルールとして、以下の点をあげています（野澤 2006a）。ただし、これらのルールは文章作成の際のノウハウとしての「経験知」です。

- わかりやすいが、内容は大人向けにする
- 小学校3年生レベルの読解力があれば理解できる文章にする[7]
- 難しい言葉は、別の簡単な言葉に置き換える
- 漢字はできるだけやめて平仮名にする
- 1つの文章はできるだけ簡潔に、短くする
- 文章の構造はできるだけ単純にする
- 接続詞はできるだけ使わない
- 時間的な経過をさかのぼることはしない
- 抽象的な言葉は避ける
- 比喩や暗喩や擬人法は禁止
- 二重否定をやめる
- 「」を用いたかっこ書きはなるべく使わない
- 「のりしろ」をつくる（指示語の使用や文章の省略を避け、必要に応じて単語を繰り返して使う）

## ◆「ステージ」の意義と課題

「ステージ」は、知的障害のある人自身が話題選択及び文章の校正、すなわち情報発信そのものの過程に関わっていました。つまり、当事者が興味を持っている話題がわかりやすく提供されていたといえます。

これにより、通常のメディアからは断片的にしか情報を得ることができなかった知的障害のある人たちが、「ステージ」で詳細な情報を確認できるという利点がありました。また、偏った情報環境に置かれている知的障

害のある人が「ステージ」を読むことで、個人の興味・関心の幅そのものを広げられる可能性がある媒体でもありました。同時に、「ステージ」は特集として「障害者虐待の防止、障害者の養護者に対する支援等に関する法律」(障害者虐待防止法)の成立や内容に関すること、日常生活・仕事に関する福祉的な話題などがしばしば取り上げられていましたが、権利擁護に関する話題や障害に関する情報を知的障害のある人自身が読みやすいかたちで提供することで、エンパワメントとしての意義と役割を有していました。そういう点からも、「ステージ」は非常に意義深い実践であったことがわかります。

しかし一方で、「ステージ」にはたくさんの課題もありました。

「ステージ」は印刷物で提供される定期刊行物でした。ゆえに、情報をまとめて伝えることしかできないため、震災時のような即自的な情報提供には対応できないという側面がありました。また、有料購読であり発行部数にも限りがあったため、配布先は各政令指定都市の都道府県育成会、本人活動の会、特別支援学校等に限られていました。全国には何十万人、潜在的には何百万人と存在する知的障害のある人たちの一部にしか、「わかりやすい」情報が流通していなかったことになります。

また、「ステージ」のウェブサイトからの入手は機関利用に限られており、知的障害のある人が個人では利用できない状況になっていました[8]。このように、「ステージ」は先駆的な実践ながらも、情報の"流通"の面でのむずかしさをあわせ持っていたといえます。

## ◆「ステージ」の編集過程に着目して

「ステージ」を作成する過程において編集会議で交わされる話題選択や文章の訂正に関する議論は、知的障害のある人が当事者の視点から文章における語句・言い回し等の理解や困難について言及するという、これまで

の先行研究にない当事者性を有しています。

　知的障害のある人たちを対象とした調査は実施がむずかしく、聞き取り調査においても意向を正確に把握するのがむずかしい場合があり、知的障害のある人たちの当事者の視点を重視した研究自体、前例がとても少ないのです。しかし「ステージ」編集会議は、文章に関する議論を行うことを前提としているので、知的障害のある人たちが通常あらわにすることの少ない自分の「わからなさ」を忌憚なく言える数少ない場として、着目すべき価値があると筆者は考えました。「ステージ」編集会議での議論から、これまで抽出がむずかしかった知的障害のある人の固有の「わかりやすさ」あるいは「わかりにくさ」へのより具体的な知見を得ることができるのではないでしょうか。

　そこで筆者は、「ステージ」編集過程を対象とし、参加した軽度または中度の知的障害のある人たちにとって理解困難と感じられる用語の傾向を考察すること、知的障害のある人たちの観点からの文章表現への理解の困難や容易さについての具体的な示唆を得ることの2点を目的に、2010年度に調査を実施しました。育成会の研究協力を得て、2010年4月から2011年2月までに行われた「ステージ」編集会議7回分をICレコーダーでの録音により継続的に記録しました[9]。

　編集会議は月に1回程度開催され、1回につき2、3時間でした。この期間に編集会議に参加した知的障害のある方々は、療育手帳（障害者手帳）の分類で中度または軽度の成人の方で、1回の会議につき5〜10名でした。記録後に逐語録を作成し、用語及び文章表現の「わかりやすさ」・「むずかしさ」に関して、知的障害のある方々が発言した部分のうち、「○○とは何ですか？」「○○は知らない」「○○はわかりにくい」等の発言があり、議論を行った箇所と、実際に変更の対象となった箇所をすべて抽出し[10]、分析の対象としています。以下では、知的障害のある人にとっての「わかりやすさ」と「わかりにくさ」について得られた結果を示します。

## ◆知的障害のある人にとってむずかしい語彙

当事者から言及のあった理解困難な用語及び表現をすべて抜きだしKJ法を用いてカテゴリー化したところ、①「アルファベットによる略称」、②「4文字以上の長大漢字列」、③「カタカナ語」、④「固有名詞（地名）」、⑤「時間」、⑥「接続詞」、⑦「敬称」、⑧「その他の漢語」、の8つに分類されました。表1に結果の一覧を示しています。

### ①「アルファベットによる略称」

例えば、「AED」（Automated External Defibrillator、自動体外式除細動器）、

表1　知的障害のある人にとって難しい語彙

| 分類 | 理解がむずかしい・変更を希望する語彙 |
|---|---|
| アルファベットによる略称 | ・「AED」<br>・「Q＆A」 |
| 4文字以上の長大漢字列 | ・（就労関係）「福祉事務所」、「就労移行支援事業所」、「総合福祉部会」、「障害者就労生活センター」、「求職登録」<br>・（上記以外）有機野菜<br>・「景気対策」<br>・「環境保護」<br>・「障害福祉」 |
| カタカナ語 | ・（芸能・スポーツ関係）「エンターテインメント」、「ベスト16」、「ベスト8」、「ベスト4」<br>・（就労関係）「ハローワーク」、「ジョブコーチ」、「ハンドブック」<br>・（上記以外）「ロジスティック」、「ヤーコン」 |
| 固有名詞（地名） | ・「アカプルコ」<br>・「ソチ」 |
| 数詞（時間） | ・「16時」 |
| 接続詞 | ・「そして」 |
| 敬称 | ・「＊＊氏」 |
| その他の漢語 | ・「死亡した」 |

「Q&A」（Questions and Answers）が難解な語として挙がりました。「AED」は「アルファベットだけでは全く意味がわからない」、「ひらがな・カタカナよりも読み間違えやすい」ことがむずかしさの原因として語られました。また「Q&A」は「AがあるならBがあるのでは」とA（Answer）の意味を誤解し、Aを選択肢の一つだと考えていた方がいました。

### ②「4文字以上の長大漢字列」

とくに知的障害のある人の就労に関する記事において、福祉関連施設の名称等へ問い返しが多くありました。その理由は「（自分に）関係することはわかるけど、自分にとって何をしてくれるところかわからない」、「（その場所を）使ったことがない人はわからない。かっこ書きで解説してほしい」という、その名称の場所を利用した経験がないことに起因していました。

また「景気対策」、「環境保護」といった用語が、意味が理解できない単語としてあがりました。これらの用語については、「景気対策」は「景気を上げる」、「環境保護」は「環境を守る」というように、説明を加えつつ漢字の凝縮を解く形に変更しました。さらに、「障害福祉」という単語については、聞いたことがある人は多いものの、「（何をどうするのか）具体的に書いてもらった方が（いい）」という要望があがりました。

### ③「カタカナ語」

「エンターテインメント」、「ベスト16・ベスト8・ベスト4」というものがあがっていました。とくに、「ベスト16」「ベスト8」「ベスト4」は、よく耳にする割には単語だけでは理解がむずかしく、例えば、トーナメントの図を描いて説明すればわかるという意見が出ました。

なお、就労関係の話題では、「ハローワーク」がわからないので「職業安定所」と言い換えようという提案があったのですが、別の方からは「ハ

ローワークの方が柔らかい感じがする」（強調筆者）、「（特別支援）学校でもハローワークって言う」という意見が出され、結果として「ハローワーク」のまま使用された例もありました。
　また、聞き慣れないため理解できないカタカナ語として、就労に関する記事で「ロジスティック」、また園芸や野菜の種類に関する話題で「ヤーコン」があがりました（筆者も「ヤーコン」は知りませんでしたが……）。「ヤーコン」は、野菜の種類であるという説明を受けて、「素直に芋って書いてくれたらいいのに」との変更への要望があがりましたが、種類名の伝達が主となる文であったため、他の単語には変更されませんでした。

### ④「固有名詞（地名）」

　「アカプルコ」、「ソチ」という海外の地名があがりました。とくに、当事者の1名は「アカプルコ」を「アカギサン（人名）」や「かたくりこ」と誤解し、「全然違う話だと思っていた」と語りました。また冬季オリンピックの候補地であった「ソチ」は、「地図入れないと、ソチってわからない」、「（見ただけでは）地名だっていうのもわからない」という意見があがりましたが、「『措置』のことだと思った」と福祉関連の用語と誤解した当事者も1名いました。

### ⑤「数詞（時間）」

　「16時」の数字表現について、議論になりました。
　「（16時は）今はもう見慣れちゃったけど、昔ちょっとわかりにくいときがあった」、「『16時まで』は見にくい。（中略）夕方っていえばいい」という意見がありました。最終的には、時刻を明確に伝えることが必要と考えられたため、「午後4時」となりました。

⑥「接続詞」
　「そして」が入ると文章が長くなりわかりにくくなるという意見があがりました。それに対応し、「そして」を省略して文章を2文に分ける形に変更しました。

⑦「敬称」
　「＊＊氏」という人物名の表記した敬称部分を「＊＊さん」へと変更しました。この理由は「(表現が) 堅苦しい」からでした。

⑧「その他の漢語」
　「死亡した」という漢語を「亡くなった」という和語へと変更しました。この理由は、「『亡くなった』だといつも言うからわかる」(強調筆者) からでした。

## ◆知的障害のある人たちにとっての「わかりやすさ」・「わかりにくさ」とは

　ここまで、①～⑧の傾向と実例を見てきました。もちろん、「ステージ」の話題には参加した知的障害のある人たちの興味関心に偏りがある場合がありますので、ここにあげたのはひとつの例としか言えませんが、ここに見られた傾向をもとに、「わかりやすさ」「わかりにくさ」及び、わかりやすい文章を作成する際に気をつけるべきことについて、考察してみたいと思います。

・知的障害のある人に関連深い「福祉用語」
　まず、②にでてきた難解な名詞や長い漢字列のいくつかは、知的障害のある人にとっての「常とう語」(藤澤・河西 2012) であるものがあります。

第4章 「わかりやすさ」を作る

とくに、福祉関連の用語はわかりやすく書きなおすのがむずかしい場合がありました。これらの用語は、知的障害のある人たちの生活において身近な場合も推測されます。それにもかかわらず、ふりがなを振っていても、漢字が多く連なることによって理解がむずかしくなっている可能性があるといえるでしょう。そこで、これらの語が多く利用される知的障害のある人の就労や福祉に関連する説明等には、語句にわかりやすい注記が必要であると考えられます。

　また、固有名詞の例でいえば、④のように、地名の「ソチ」を「措置」と理解した例がありました。これは、「措置」がどういうことかを知っている知的障害のある人だったと考えられます。固有名詞を見ただけでは固有名詞と判断せず、自らが知っている用語に結び付けて変換したことは、福祉に関する用語などで普段から見聞きしたり経験したりしていたことが、理解につながっているといえるでしょう。知的障害のある人たちに向けた文書を作成する際には、例えば一つの作業所内等でよく使われる用語などは、少しむずかしくてもそのままでも理解されやすいかもしれません。

・「数字」「数詞」のむずかしさ
　打浪（2014b）によれば、知的障害のある人の中には、「24時間表記」がわからないという人が一定数います。午後7時を19時と表記すると、午後9時と間違ってしまうように、正確な伝達がむずかしくなってしまいます。今回の例でも書き換え時は12時間表記に変更されているように、時間の表記には注意が必要といえるでしょう。

・個人的判断を要する用語
　数字表現の変更の過程で16時を午後4時とするのではなく、「夕方」という表現がわかりやすいとする意見があったことに着目してみましょう。
　「ステージ」の表現には個人的な判断が含まれる言い換えが見られるこ

とが指摘されています（工藤・大塚・打浪 2013）。これは情報の「正確な」伝達とならない場合もあるでしょう。ですが、「夕方」のように、その単語が示す意味に個人的な判断を含む表現の方が理解しやすい傾向があることは、知的障害のある人への情報伝達の際、わかりやすいかたちにリライトする際の用語の取捨選択に影響を及ぼす点であるといえるでしょう。

・**用語が選ばれる背景にある「親しみやすさ」「なじみ」**

　先にあげた「夕方」は、確かに個人的な判断を要する語です。しかし、その一方で、非常に見慣れた、そして聞き慣れた語でもあります。知的障害のある方のわかりやすさは、この「親しみやすさ」や「なじみ」と関連しているのではないかと考えられます。

　というのも、今回の調査の中で、例えば⑦の敬称のところで示された「＊＊氏」という表現が「＊＊さん」に変更されたものや、⑧の「その他の漢語」で示された、「死亡した」という漢語を「亡くなった」という和語へと変更された例がありました。これらの理由として、「堅苦しい」「いつも言うからわかる」ということがあげられています。堅苦しくない、馴染みのある表現が選ばれやすいということであると考えられます。

　「ステージ」の文章表現は、「話し言葉」ではなく「書き言葉」に近いという指摘がすでに経験則からされていました（野澤 2006）。第一言語として日本語に触れ、また「国語」として日本語を学んできた人たちの言語感覚が、こうした用語選択に影響を及ぼしているのではないでしょうか。

　この調査から、知的障害のある人たちが使用する日常会話や彼らの社会生活の中に多い語彙や表現には、一般的なわかりやすさに加えて、知的障害のある人の特徴を示す固有の要素があることがある可能性が示されました。

　もちろん、今回の調査には限界があります。まず、「ステージ」編集会議に参加していた知的障害のある方は、療育手帳の分類でいうと軽度およ

び中度の数名でした。さらに、編集会議での話題に上ったことに限定された分析になっています。ここでの傾向は、確定的であるとはいえません。ですが、知的障害のある人たちを交えた情報の「わかりやすさ」「むずかしさ」への議論が行われている場は、国内でも極めて限られています。また、「わからない」ということを率直に意見することのできる知的障害のある方が集まって、当事者の感覚に基づいた「わかりやすさ」「わからなさ」の一端を明らかにできたことは、これまでに例のない貴重なものであったと考えられます。

今後は、「わかりやすい」情報提供における先行研究に示されたポイントを検証していくと同時に、知的障害のある人の「生活に関わる語彙」や言い回しの例を、今後より一層蓄積していくことが必要となるでしょう[11]。

次章では、知的障害のある人の固有の特徴から幅を広げて、外国人向けの〈やさしい日本語〉について触れ、知的障害のある方の「わかりやすさ」との差異について考えてみましょう。

■注
1 すでに「ステージ」に関する言及のある野澤（2006ab）、羽山（2010）、工藤・大塚・打浪（2013）、及編集担当職員1名に2010年10月に構造化面接法にて聞き取り調査をした内容を逐語録に起こしたものに基づき、この節をまとめています。
2 知的障害者を読者とした紙面媒体や定期刊行物は全く存在していないわけではありません。例えば、「どり～む通信」（東京都手をつなぐ育成会刊）などがあります。これは300～400部ほどの印刷、B4版6～8ページ、白黒、年4回発行で「ステージ」と同じように当事者の編集委員が起用されている、団体の機関誌です。比較的規模の大きな取り組みですが、内容は障害に関する法律等、東京都の当事者が自分で出かけられる行楽に関する情報、交流情報等、当事者交流を目的とした媒体であり、時事情報の配信は障害福祉の動き以外は扱っていません。なお、この情報は、筆者が東京都手をつなぐ育成会の「どり～む通信」の編集会議を2010年度に2回に渡って見学させていただいて知ったことをまとめたものです。

3 2011年度以降は年間購読費 900 円(4号分、送料込)でした。「ステージ」の運営には、各種補助金と法人自己資金の両方が用いられていました。
4 例えば関心の高い話題を扱う1ページ目は、2011年度は東日本大震災が中心でした。年度や時期によって紙面構成のコンセプトが変更になることがあります。例として、2011年度の後半から2012年度にかけて、7面では「しごと」がクローズアップされるなどの取りくみがあります。
5 「ステージ」当事者編集委員は、各都道府県の育成会や、育成会とつながりのある知的障害児・者施設等の支援者からの推薦にて決定されていました。調査時は軽〜中度で当事者主体的な活動に取り組んでいる当事者が多かった半面、「ステージ」以外には知的障害のある仲間との接点が一切ない編集委員もいました。調査期間に会議に参加していた知的障害のある人たちの障害程度は療育手帳の中度または軽度であり、全員が日本語による日常会話及び文字によるコミュニケーションが可能でな方でした。
6 「ステージ」は 2010 年度より紙面をリニューアルしています。ここで述べる視覚的な配慮は、とくに紙面リニューアル後に徹底されていたものです。
7 工藤・打浪・大塚(2013)は日本語テキストの難易度判定ツール「帯 2 (obi-2x)」(http://kotoba.nuee.nagoya-u.ac.jp/sc/obi2/)を利用して検証し、ふりがなをすべて振った状態の「ステージ」の文章が実際に小学 3 年生程度の難易度であったことを確認しています。
8 「ステージ」は 2010 年度後半から電子版を配布していましたが、普及と告知のため、あるいは教材利用のため、団体のみ利用可としていました。ですが、育成会編集担当職員への聞き取りによると、個人でも利用できるようにする予定で電子版を準備中だったそうです。結果的にはそれらはなされないまま、育成会が解散することとなりました。
9 本調査は平成 22 年 4 月に、筆者が調査当時に所属していた研究機関の倫理審査に諮り、承認を受けています。
10 会議中に文章全体が省略された箇所、及び健常者の編集委員から「これはどうですか?」と問い直して回答を得られた用語や表現については、発言の誘導性を考え今回の分析からは除きました。それらについては知的障害のある人と健常者の会話の傾向を分析した上で、今後別稿にて改めて検討したいと考えています。
11 ちなみに「ステージ」の紙面を対象とした研究結果では、「ステージ」の文章が朝日新聞と文章構造や係り受け等で大きな差異が見られないことが指摘されています(及川・大塚・打浪 2014)。すなわち、知的障害のある人たちにとっての「わかりやすさ」が語彙にある程度左右されることが示唆されています。

# 第5章
## 「わかりやすさ」を広げる
―― 〈やさしい日本語〉との接点から

　前章まで述べてきたように、すでにある情報格差をできるだけ小さくするためには、「ステージ」のような「わかりやすい」情報提供の総量が増えること、またその実践を社会全体で共有するようなとりくみが今後一層必要となってきます。ですが、国内では、北欧の「8 SIDOR」のように、知的障害のある人のみならず幅広い言語的に弱い立場の人たちが一つの情報源を利用するような分野を超えた連携は、これまでほとんどなされてきていません[1]。

　そこで以下では、「わかりやすさ」を「広げる」ことに焦点をあて、〈やさしい日本語〉の研究実践と知的障害のある人への「わかりやすい」情報提供の共通性や相違性について考えてみたいと思います。

### ◆「わかりやすい」日本語に関わる領域

　第4章であげた、知的障害のある人たち向けの本である「LLブック」を例にしますと、2008年の近畿視覚障害者情報サービス研究協議会 LLブック特別研究グループによる調査によれば、すでに日本国内で LLブックとして読みやすい表現で出版されている出版物のうちのいくつかは、国内に在住する非日本語話者の生活に関連する本でした。また、様々な背景を持つ人々が通う定時制高校にも LLブックの汎用の可能性とニーズがあることも示唆されています（すぎむら 2009）。しかし、「ことば」にむずかしさを抱える人々の問題やプリント・ディスアビリティについて、これま

で第2章で述べた「情報バリアフリー」を外れる人々の共通性には着目されることがほとんどなく、したがって領域を超えて問題へのとりくみが連動することはほとんどありませんでした。

一方、〈やさしい日本語〉は、1995年の阪神・淡路大震災で非日本語話者への情報伝達による困難が噴出したのをきっかけに、社会言語学領域で発展してきました。現在では、NHKの「NEWS WEB EASY」[2]に見られる〈やさしい日本語〉による時事情報のウェブサイト上での配信のほか（田中ほか 2013）、広島市や横浜市の行政のホームページを〈やさしい日本語〉で書き換えるなどの公共性の高い実践も行われています（岩田 2014）[3]。

その他のとりくみとして、例えば、『外来語・役所ことば言い換え帳』（杉並区役所区長室総務課編 2005）の出版による行政用語の一般的なわかりやすさに向けたとりくみや、裁判員制度の実施に向けての司法言語のバリアフリー化の必要性や（大河原 2006）、病院の言葉の言い換えなど（国立国語研究所「病院の言葉」委員会 2009）、言語学の領域では、公共性の高い領域において「ことばのバリアフリー」としての〈やさしい日本語〉の萌芽が学術的・社会的実践の双方で見られるようになってきています。また、外国人労働者に向けた介護職員初任者研修向けの〈やさしい日本語〉によるテキスト作成など（堀 2015）、外国にルーツを持つ人々が日本語学習者として、そして日本の社会で働き生活することに密着した展開が見られます。さらに教育面では、児童・生徒が「わかる」ための工夫として（高井 2014）、特別支援教育と外国人の子どもたちを教えるための共通教材の開発（光元・岡本 2006、子どもたちの自立を支援する会 2012）などの取り組みもあります。つまり、知的障害のある人たちの日常生活の隣接領域にまで実践が及んでいるといえるでしょう。

知的障害のある人たちへの「わかりやすい」情報提供は、やはり障害福祉分野が中心であり、〈やさしい日本語〉のような公共性の高い文書のリライトとは主とする展開分野が異なっています。しかし、軽度や中度の知

的障害のある方々の中にも自立生活や一人暮らしを営む人は増えており（打浪 2014b）、実際に役所などで公的な文書に一人でアクセスする場合もあります。また、介護に関する資格を得た軽度や中度の知的障害のある人たちの中には、資格取得の際のテキストのむずかしさに苦労した経験を有する人もいたことも明らかにされています[4]。これらのことから、〈やさしい日本語〉の実践の一部は、軽度や中度の知的障害のある人たちにとって有用である可能性があります。実際、国内の〈やさしい日本語〉の実践は外国人住民だけに限定されず、現在ではろう者に実践対象が広がりつつあります（岡 2013）。しかし、知的障害のある人たちへの〈やさしい日本語〉の有効性は示唆されてはいますが（庵 2016）、検討課題としては未だ枠外に置かれたままです。

知的障害のある人たちを言語的な困難を有する群の一つとして捉え、その社会参加に言語学的側面から寄与することは、先駆的かつ非常に意義の高いものになりえるでしょう。そのために、言語学分野を中心に研究が進んでいる外国人への情報提供である〈やさしい日本語〉との連携や比較検討にも、今後学術的・社会的の双方から着目すべきと考えられます。

## ◆「わかりやすさ」のルールの比較

第3章でも少し触れましたが、「わかりやすさ」という観点から眺めると、「ことば」にむずかしさを持つ人々は様々な障害のある人々だけでなく、子どもや高齢者、外国人住民など多岐にわたります。

それぞれがどのような「わかりやすさ」のルールを持っているかを確認し、それが知的障害のある人たちの「わかりやすさ」と共通しているかどうかを見てみましょう。

・子ども向けの表現

　子どもへの「わかりやすさ」は、教科書等や教材研究等にもたくさん用いられていますが、ここでは学術的追究と裏付けがあるものとして、また第4章であげた「ステージ」との比較もかねて、「小学生新聞」をあげておきたいと思います（湯浅 2006、2007）。子どもへの情報提示は、小学生新聞や子ども向けのウェブサイトにおけるわかりやすい表記など、教育や学習関連の市場と連動しつつ、実践されています。小学生新聞に代表される情報提示に関しては、日本文学・国文学分野での文章構造等の研究分野の中にわかりやすい日本語表現に関する先行研究が存在しています。

　小学生新聞に見られる文章配列の特徴としては、文章の「凝縮化」（意味の損失を起こさず文字数を減らすこと）を解く、「逆三角形型」を強化する（重要度の高いことから述べる）、「因果関係」や「時間的配列」といった、小学生にとってわかりやすい順序にする、の3つが指摘されています（湯浅 2006）。また、小学生新聞に見られる「言い換え」の特徴には、以下の要素があげられています。

1　文章を直接的な表現にする
2　固定化した言い回しをなくす
3　凝縮化した文章を分解する
4　名詞的構文を動詞的構文にする
5　語種の変換を行なう（漢語→和語）
6　語種が同じだが表現を変える

　　　　　　　　　　　　　　　　（湯浅 2007: 97）

　これらは、分かち書きなどの文の視覚的な見やすさ以外のほとんどの点で、知的障害のある人たちの文章とも共通するルールであるといえます。

　ただし、子どもと知的障害のある人たちでは、求める情報のかたちに差

があることは想定されます。例えば、教育的内容なのか、それとも生活年齢に応じた大人のための文章なのかによって、同じような内容を伝えるとしても、文章表現や用語の選び方が変わることが予想されます。

・〈やさしい日本語〉

　表記や内容のわかりやすさに関して、〈やさしい日本語〉ではとくに防災に関して、非常時に生存に必要な情報アクセスに取り残されやすい非日本語話者への情報提供を重視したガイドラインが制定されるに至っています。実際にこれらのガイドラインに基づき、東日本大震災の際には多言語による翻訳に加えて、〈やさしい日本語〉による情報提供が実践されました。

　〈やさしい日本語〉の社会言語学的研究を行っている弘前大学社会言語学研究室によれば、〈やさしい日本語〉による文章を作る際は、日本語能力試験N4・N5（N5が最もやさしいレベル）の語を使用して、以下のルールに基づくように書き換えを行います[5]。

1　難しいことばを避け、簡単な語彙を使ってください。
2　1文を短くして、分かち書きにし、文の構造を簡単にしてください。
3　外来語を使用するときは気をつけてください。
4　擬態語は、日本語話者以外には伝わりにくいので使用を避けてください。
5　動詞を名詞化したものはわかりにくいので、できるだけ動詞文にしてください。
6　あいまいな表現は避けてください。
7　二重否定の表現は避けてください。
8　文末表現はなるべく統一するようにしてください

さらに、書き言葉については、以下のようなルール指定があります[5]。

1 文と文節は余白をあけて区切り、分かち書きにしてください。
2 日本語に不慣れな外国人にとって、難しいと思われることばでも災害時にはよく使われます。そのため、知っておいた方がよいと思われることばはそのまま使い、そのことばの後に〈 〉を使い言い換えを付記してください。
3 ローマ字は使わないでください。
4 使用する漢字や、漢字の使用量に注意してください。漢字にはふりがなをふってください。
5 時間や年月日の表記はわかりやすくしてください。

　具体的に書くこと、常とう語はそのまま用いて説明を加えること、ルビをふること、12時間表記など、上記の〈やさしい日本語〉のルールは、知的障害のある人に向けた「わかりやすい」表現と類似する点を多く持つように見えます。具体的に書くこと、常とう語はそのまま用いて説明を加えること、ルビをふること、12時間表記などは、第3章にあげた知的障害のある人たちへの「わかりやすい情報提供のガイドライン」(p.71-72)にも記されています。このように、ルールにおける共通点自体はとても多いと言えるでしょう。
　しかし、たとえばガイドラインの一つ目の項目の「難しいことばは使わない」というルールにある「むずかしさ」の程度や内容は、〈やさしい日本語〉と知的障害のある人向けの情報提供の間では、相違が考えられます。知的障害のある人たちは、言語の理解と運用に非常に大きな個人差を有していますし、「わかりやすさ」は生活語彙によって左右される可能性があることも前章で確認しています。さらに、個人的な判断の入った文章が「わかりやすい」情報提供に使われる傾向があること（工藤・大塚・打浪 2013）などがその理由です。また、接続詞をできるだけ使わないことや、アルファベットにルビを振る点なども〈やさしい日本語〉との相違として

あげられます。

　ちなみに筆者らは、さらに詳しい「ステージ」紙面の分析などに取り組んでいます（打浪ほか 2017）。一般的なわかりやすさや、日本語を第一言語としない人（外国人等）とのわかりやすさの差なども少しずつ明らかになってきています。例えば、「ステージ」と「NEWS WEB EASY」を比較した言語学的な分析によると、知的障害者向けの文章と〈やさしい日本語〉は、形態素（意味を持つ言語の最小単位）や和語の率が近いことが明らかになっています（打浪ほか 2017）。これからもさらに追究していく必要があります。

## ◆知的障害のある人たちへの〈やさしい日本語〉の応用可能性

　〈やさしい日本語〉や「わかりやすい」情報提供がこれまで対象としてきた群以外にどのような有効性を持つのかは、具体的な形では検証されていません。例えば、〈やさしい日本語〉で書かれたテキストは、軽度や中度の知的障害のある人たちにとってわかりやすいのでしょうか。

　筆者は、〈やさしい日本語〉を用いた時事情報の配信を行っているNHKの「NEWS WEB EASY」のウェブサイトを用いて、軽度の知的障害のある人たちへの聞き取り調査を実施しました（打浪 2017）。その結果に基づき、〈やさしい日本語〉の応用可能性を考えてみたいと思います。

　筆者の調査の結果、あくまで対象となった知的障害のある人たちの主観的判断においてですが、「NEWS WEB EASY」の〈やさしい日本語〉による記事は一定程度わかりやすい情報源となりえていました。〈やさしい日本語〉による情報源は、背景説明の充実などの要素により、対象者らにとって一般的な情報源より読解に適したわかりやすさを備えたものとなっていると考えられます。

　また、対象者らにとって難解な語彙として抽出されたのは、「営利」、「EASY」「EU」「郊外」「内相」「政府」「内閣」「テロ」「マイクロプラスチ

ック」「物質」といった国際的な話題と関連が深い語彙や英単語、カタカナ語などでした。これは、前章の「ステージ」の結果と一致するところが多いものです。一方で、外国人にはむずかしいとされる「飛ばす」「増やす」「約」「都市」や、「気象（庁）」「津波」「被害」「容疑者」といった語彙は、対象者らにはなじみがあり非常に難解ではないという指摘がありました。さらに、「『のり』はひらがなだと混乱するので漢字（海苔）のほうがいい」といった、日本語における同音異義語への指摘も見られました。「NEWS WEB EASY」のウェブサイトでは、旧日本語能力試験の出題基準の3級以下の語彙と文法が主に採用されていますが（田中ほか 2018）、対象者らが今回の調査で難解あるいは平易であると感じた語彙は、外国人にとっての言語の「やさしさ」や「むずかしさ」とは少し異なる傾向を持つようです。ただし、難解な語彙や平易な語彙は、話題によって大きく左右されていました．話題性によってニュースの内容によって理解しやすさに影響が出ている可能性もあるので、知的障害のある人にとっての難解語彙の幅広い検討や、詳細な理解度調査等によるさらなる追究が必要です。

　一方で、視覚的な問題が指摘されています。ルビ・配色・改行・分かち書き等に加えて辞書機能への視覚的な指摘など、視覚的に情報の入力を整理する点について言及が多くなされていました。すなわち、知的障害のある人たちが〈やさしい日本語〉による時事情報を利用する際には、外国人向けの情報提供よりもより多くの視覚的な配慮が望まれるでしょう。

　さらに、もう一つ問題があります。言語的に困難を有する人々にとって非常時等において〈やさしい日本語〉によるニュースや情報提供が非常に有益であったとしても、ウェブサイト等の情報源にたどり着けなければ情報を得ることができません。筆者の調査によると、聞き取りの際は4名の調査対象者のうち1名はパソコンやスマートフォンを日常的に利用していませんでした。また、2010年に行ったインタビュー調査では、パソコンや携帯電話を普段から利用する人もかなり限られていました。テキスト自

体は読みやすくわかりやすかったとしても、「機器の操作をふくめて、どうすればいいか（自分）一人では全然わからない」（打浪 2017）と、自らの日常生活では使いにくい可能性が指摘されています。また、自らの考えを言語化する点においてむずかしさを有する知的障害のある人が多いのですが、筆者の聞き取り調査ではやはり、自ら「検索に必要なキーワード」を考えることに困難を有する方がいました。こうした点から、〈やさしい日本語〉を用いたウェブサイト等の情報源を利用する場合には、機器操作やキーワードの検討といった、外国人住民と異なる知的障害のある人たちに特有の課題が存在しているといえます。

　ここではニュースサイトの例をあげましたが、これに限らず、外国人向けの〈やさしい日本語〉と知的障害のある人向けの「わかりやすい」情報提供は、今後領域を超えた連動を行うことで、相互に有益な情報源として機能するのではないでしょうか。また、調査中に「自分のスマートフォンでも（こうしたわかりやすいニュースを）日常的に見たい」という声も聞かれています。知的障害のある人たちの後期中等教育におけるITリテラシー教育やスマートフォンの普及は進んできており、本調査でも対象者4名のうち3名がパソコンやスマートフォンを日常的に利用していました。今後、〈やさしい日本語〉等のわかりやすく書かれた情報源を知的障害のある人たちが活用していくためには、パソコンやスマートフォン・タブレットPCなどの使用法も含めた告知の充実が欠かせないでしょう。

### ◆「情報のユニバーサルデザイン」

　誰にとっても「わかりやすい」情報提供は、「ことば」による諸問題によって誰もが不利益を被ることのない社会の実現のための重要な手段となりえます。「ステージ」に代表される「わかりやすい」情報提供と、〈やさしい日本語〉には、それらの展開されている分野において重なっていない

領域を互いにカバーし合える可能性があるといえるでしょう。〈やさしい日本語〉の応用だけでなく、「ステージ」のように、知的障害のある人たちから発信する情報を社会で共有することもまた、知的障害のある人たちの社会的な位置づけの変革に大きな影響を及ぼすものと考えられます。

　近年では、情報そのものを、また情報の媒介であるメディア自体を誰にでも使いやすいようにする「情報のユニバーサルデザイン」という考え方が広まりつつあります（関根 2002、ましこ 2006、かどや・あべ 2010、あべ 2010b、あべ 2014 など）。知的障害のある人たちをはじめとする言語的な困難を抱えるさまざまな人々に対して、言語の問題における複合的な抑圧に対処し、かつ既存の情報媒体・文字情報のあり方を問い直すことは、「情報のユニバーサルデザイン」を考えることと同義であるといえるでしょう。

　ユニバーサルデザインは、1990年代に建築家ロナルド・メイスによって提唱されたものです。一般的には「年齢や能力に関わりなく全ての人々に対して適合する製品等をデザインすること」（総理府 2000: 18）を意味します。ユニバーサルデザインの概念は、製品のデザインだけでなく、今や情報・通信に関する分野にも影響を及ぼしています。

　ユニバーサルデザインは、「問題を社会的なアプローチで解決しようと考えており、いわゆる『社会モデル』をベースにした考え方」（川内 2006: 97）であると解釈されています。自身も視覚障害がある石川准は、ユニバーサルデザインを論じる際に、「配慮の平等」という観点を提示しています（石川 2004）。石川は「少数者への配慮は特別なこと」という社会の見方に対して、「すでに配慮されている人々」と、「いまだ配慮されていない人々」がいると述べています。この観点からすれば、健常者はすでに配慮されている人、障害のある人は未だ十分に配慮されていない人となります。未だ十分に配慮されていない障害のある人のアクセシビリティの保障のためには、「配慮の平等」の概念を優先順位の高い基本原則としなければならないこと、そのために支援技術開発を促進する諸制度を充実させる必要

と共に、ユニバーサルデザインを社会制度として推進する必要があることを、石川は主張しています（石川 2006: 137）。この考えに基づけば、「情報のユニバーサルデザイン」は可能な限り多くの人に情報アクセスへの機会の平等をひらこうとするものであるといえるでしょう。

　ただし、ユニバーサルデザインには、障害者文化や「差異」としての障害を重要視する側からの反論もあります。ユニバーサルデザインの考えの基底にあるのは、「誰にとっても使いやすい」ということです。その点について、ユニバーサルデザインの方向性は結局、何が「でき」て、何が「できない」のかのラインを動かすことにしかならない（杉野 1997）という批判があります。つまり、例えば絵を表現手段として用いたところで、絵を見て状況や中身を理解することのできる能力を持つものだけが何かを理解できるようになる、という「理解」の線をずらすことにしかならず、差別はなくならないという限界があるということです。ユニバーサルデザイン化がそうした側面を持つことは事実であり、ことばや情報のユニバーサルデザイン化は情報媒体や文字情報そのもののバリアを下げる方向へ働きかけるとき、対象が文字情報を理解することのできる、あるいは情報機器を利用することができる人に限られてしまいます。情報のユニバーサルデザイン化は「より多くの人」に情報を保障するという点で、排除の対象のラインをずらすにすぎないという一面があるのは否めません。しかし、その上でも、ユニバーサルデザインの考え方が社会に浸透しているとは言いがたい現状を考えると、こうした考え方を広め、「情報のユニバーサルデザイン」によって社会生活の不利益を取り除くことが可能な層へと働きかけることが必要です。

　「情報のユニバーサルデザイン」による誰にとっても「わかりやすい」情報提供は、「ことば」による諸問題によって誰もが不利益を被ることのない社会の実現のための重要な手段となりえるでしょう。「わかりやすさ」を広げる時、「外国人」や「障害」という枠を取り払い、「ことばに不自由を抱える人々」について問題を共有し、解決する姿勢と意識が一層重要となるの

ではないでしょうか。障害学・社会福祉学・社会言語学・日本語教育学・福祉工学といった、情報保障に関するさまざまな知見を統合しつつ、領域を超えた連携可能性を模索し実践研究を行っていくことが求められます。

## ◆「情報のユニバーサルデザイン」の課題

　情報保障の国内の課題について先駆的な論者であるあべ・やすしは、「情報のユニバーサルデザイン」を進めていく上での今後の課題として以下をあげています。

・経済格差や社会的排除の問題に取り組むこと
・人や社会を無気力や余裕のない状態から解放すること
・情報のかたちや支援方法がひとつではなく、複数であること
・一方通行ではなく、双方向のコミュニケーションであること
・個人に対応すること
・状況や全体像が把握できること
・情報を受け取る人が多ければ多いほど、わかりやすく表現することがあること
・マイノリティが必要としている情報を届けるために、多様な情報を流通させること
・住民に情報を提供したり、情報の発信を支援したりする公共施設をつくること
・自己決定の幅を広げること

(あべ 2014: 177)

　これらの課題は、より多くの言語的に不自由な人々に対する際の課題です。ここには、単純に「わかりやすい」情報提供の総量を増やすことや

「読み書き」に関する支援を充実させることだけでなく、それらの背後にある社会的通念やマイノリティへの差別観、また社会福祉的思想と当事者や支援者の現状までを含めた多くに改善点が必要なことが示されています。

　あべが課題としてあげている差別や社会的排除の問題に取り組むことと情報のユニバーサルデザイン化は、一見するだけでは関連性が見えにくいものもあります。しかし、社会的通念による価値の剥奪と言語の権威性は密接な関係にあることは第１章でも確認しました。日常生活を営むにあたって、言語というのは常に何らかのかたちでの媒介を伴うものであること、その接点において抑圧の構造があります。「言語」と「障害」のありかた自体を変容させることは、社会的な通念を揺さぶることでもあります。そのためには、「権利」という論拠を越えて、マイノリティにも「配慮」の概念を徹底していくこと、それらを論じつづけていくことが必要になります。

　そして、社会的な通年や意識の問題だけでなく、技術の問題が解決していくことにも目を配っておくことが必要です。例えば、「個別に対応すること」「情報のかたちや支援方法がひとつではなく、複数であること」は、一つの情報源を個人に適したかたちに変えて利用する、１ソースマルチユースのための技術革新によって大きな変容を遂げる可能性があるでしょう。例えば、ふりがなの表示をウェブサイト上ではクリック一つで変えられる技術があるように、情報通信機器の発展と普及、そしてアプリ開発等によって、一人ひとりに適した読みやすいかたちでの情報受信は、段階的に可能になっていくかもしれません。そうした情報通信機器の発展に合わせて支援方法を柔軟に変化させることもまた、必要となってくるでしょう。

　ちなみに、障害のある人向けの情報機器のユニバーサルデザインの一つの方法として、マルチメディア DAISY（Digital Accessible Information SYstem）[7]）があります。DAISY とは印刷物を読むことに障害がある人々の情報のアクセスを支援するデジタル録音図書の国際標準規格であり、一般的な電子書籍の規格である E-PUB との統合もなされています。障害の

ある人からの利用が、一般の人々にも利用できることは注目に値すべきことであり（野村 2012）、情報機器を通じたユニバーサルデザインの大きな動きといえます。パソコンやタブレット PC 等で音声が再生可能であり、また読み

図6　マルチメディア DAISY による表示の例（ごんぎつね）
http://barrierfree.nict.go.jp/topic/service/2011030101/page1.html

上げているところがハイライトで反転することからも、DAISY が文章理解の向上に有効であることが実証され示唆されています（水内・小林・森田 2007、2008 など）。また、電子教科書として知的・発達障害のある子どもたちへの適合が進められていますが、DAISY 自体の知名度が低いことや、知的障害教育分野への情報機器の取り入れが遅いことから、普及には大きな課題を残しています（野村 2006、2012）。ごく少数ではあるが知的障害のある人を対象とした図書館等での DAISY を用いた読書支援の実践も行われています（山内 2008、2011）。

　これらの電子書籍は、パソコンやタブレット PC などの情報機器を媒介して利用するため、操作のむずかしさの壁が課題として残されています。しかし、今後の情報機器の一層の発展により、より簡易に、また知的障害のある一人ひとりにとってより使いやすかたちにカスタマイズできるようになるかもしれません。そして、知的障害のある人たちが自らの意思を発信するためのものとしても、情報機器のユニバーサルデザインは、今後一層期待が持たれる分野です。


■注
1　ただし、ILFA（国際図書連盟）のブロール・トロンバッケからの聞き取りによれば、

「8 SIDOR」は知的障害当事者団体への年数回のモニタリングのみであり（かどや・打浪 2013）、当事者参加の観点から見れば編集段階から当事者がかかわる「ステージ」は世界的にも先駆的なとりくみともいえます。

2　NHK の「NEWS WEB EASY」(http://www3.nhk.or.jp/news/easy/) とは、国内在住の外国人への新たなニュースサービスとして、2012年4月に開始されたニュースサイトのことです。すべてのニュースが NHK ニュースを元記事として、平易な日本語で書き換えられています。開始直後は実験的な試みという位置付けで、平日に1日1、2記事を提供していましたが、2013年6月からは1日5記事を提供するようになっています。記事は、日々の大きな出来事や、外国人や子どもが興味を持ちそうな話題から選択されています。詳しくは打浪ほか（2017）を参照してください。

3　行政が言語学の研究者と協働し、〈やさしい日本語〉で書かれたホームページを作成しています。例として、横浜市の場合、多言語による情報発信の一つとして〈やさしい日本語〉によるウェブページを開設しています。http://www.city.yokohama.lg.jp/lang/ej/

4　打浪（2014b）の聞き取り調査によれば、軽度知的障害のある人が資格のためのテキストのすべてに、家族にふりがな（ルビ）を振ってもらって資格取得に向けて努力したという例が示されています。

5　弘前大学社会言語学研究室は〈やさしい日本語〉について研究を深め、2013年に「『やさしい日本語』作成のためのガイドライン（増補版）を作成しています。http://human.cc.hirosaki-u.ac.jp/kokugo/ej-gaidorain.pdf

6　前注の「『やさしい日本語』作成のためのガイドライン」の中にある「チェックリスト（掲示物用）」には、さらに以下のように記されています。旧日本語能力試験3・4級程度の簡単な語彙が使われているか／1文1情報になっているか／1分は24拍程度になっているか／不用意に、カタカナ外来語が使われていないか、不用意に、ローマ字が使われていないか／二重の否定表現が使われていないか／災害時によく使われるむずかしい語には、言い換え表現が補われているか／分かち書きは正しくされているか／漢字の使用は1文に3・4字程度で、すべての漢字に振り仮名がふられているか／複数の言語で見出しが付いているか／見出しは、伝えたい情報や動作を指示することばで書かれているか／絵は単純で、一目でわかるようになっているか・本文に、具体的な動作やその理由が書かれているか。

7　DAISY とは、Digital Accessible Information SYstem の略で、日本語では「アクセシブルな情報システム」と訳されます。普通の印刷物を読むことが困難な人々のための、デジタル録音図書の国際標準規格です。近年では音声のみでなく、映像や読み上げハイライト、手話動画の挿入など、マルチメディアとして「読みにくさ」を抱える人々に対応しています。詳しくは以下を参照して下さい。http://www.dinf.ne.jp/doc/daisy/about/index.html

# 第6章
# 「わかりやすさ」の普及を目指して

　本章では、知的障害のある人たちのこれからの生活における「わかりやすい」情報提供の普及と促進を目指して、課題を整理しておきたいと思います。「わかりやすい」情報には、きわめて個人的な決定などを行う際の「わかりやすい」説明や、一般的な情報で知的障害のある人たちも利用するものなど、ミクロ及びマクロの双方の視点が必要です。
　「わかりやすさ」を「作る」として論じてきた知的障害のある人たちに固有の課題と、「わかりやすさ」を「広げる」として論じてきた他分野との接点の拡大を見据えた課題などをふまえて、「わかりやすさ」の普及を目指すための課題を、最後に明確にしておきたいと思います。

## ◆支援の場における「わかりやすさ」

　この本では、情報の「わかりやすさ」という、「情報提供」の側の課題の発見と改善に主軸を置いてきました。しかし、もう一方の、これまで社会福祉学等で検討されてきた、「わかりやすい」情報提供と「自己決定」の関連や、意思決定支援のあり方については十分に述べることができていません。
　「わかりやすい」情報提供と車の両輪となる、わかりやすい説明を行うという支援はたいへん重要です。石川（2006）でも、あべ（2010b）でも触れられていますが、「ユニバーサルデザイン」と「支援技術」の双方があって高いアクセシビリティが実現可能となるものです。知的障害のある人

たちや、そのほかの言語的な困難を抱えた人々に向けた情報のユニバーサルデザインも、使いやすい機器、見やすいレイアウト、読みやすいテキストの追究も重要ですが、それに加えたわかりやすく教えてくれる人的支援が不可欠です。その相互関係についても今後議論が必要と考えられます。この点についての追究は未だ少ないのですが、中井（2010）による支援者と知的障害のある人たちのコミュニケーションの質的分析から情報伝達における当事者の「わかりやすさ」を分析した実証が存在しています。中井によれば、「タームごとに理解の確認を行う」、「具体的な言及を行った上で定義する」、「当事者が日常的に使用しない単語に言及する」、「単語の説明を行うことによって情報材の説明が中断する」という4点が知的障害のある人たちの日常生活におけるコミュニケーションの特徴であることが示唆されています。支援の場におけるコミュニケーションを介する場面での分析には、伝える人と対象者の関係性などを含めたさらに詳しい分析が必要です。今後、「わかりやすい」情報源を作成してのヒアリングや、実際に「わかりやすい」情報提供として現場で行われている人的支援の中に埋め込まれている「わかりやすさ」を構成する経験知を明文化していくことが課題となります。

　上記で述べたことは、障害のある人の「意思決定支援」に大いにかかわっています。「意思決定支援」には、少なくとも3つの要素が含まれるとされています（柴田 2012）。まずは、「意思表現支援（意思疎通支援）」とそれに伴う情報提供です。表出された意思を支援者がくみ取り応えるやりとりを指します。さらに、「意思形成支援」があります。これは、ベストインタレストの原則に沿って、本人にとってよりよい意思決定を本人が納得してできるよう支援することです。さらに、「意思実現支援」があります。これは、表出した本人の意思を実現する具体的な支援です。知的障害のある人たちの「意思決定支援」には、「わかりやすい」情報が提供されることは含まれるといえます。とくに、「意思表現支援（意思疎通支援）」

の部分での、コミュニケーションの「わかりやすさ」は必須です。さらに、「わかりやすい」かたちで必要な情報を提供したり、重要事項等をわかりやすく説明したりすることによって、知的障害のある人の「意思形成支援」の部分に寄与することができます。

　障害のある人の生活に具体的に影響のある政治や社会の動き・福祉サービスの変化・個別支援計画や契約書類・成年後見制度の詳細など、知的障害のある人に必要な情報はとても多いはずです。しかし、現在ではその人の人生に大きく関わる話題でさえも、時に本人を飛び越えて説明が行われることがあるのが現状です。夕飯のメニューを決めることが、今後の生活のすべてよりもその人の人生に意味を持つこともあります。冒頭に引用した知的障害のある人のことばにも見られるように、「わかりやすい情報や手助けを得て、自分で決める」（自分で決められない場合は、信頼できる人の支援を得ながら共同決定を行っていく）ということが、これからの社会福祉には大きな課題となるのではないでしょうか。それは、人生に関わる大きな契約事項だけでなく、その人にとって大切なことが当たり前に大切にされること、とも言えます。そのためには、エンパワメントとして、知的障害のある人たちが自らに適した情報保障の方法を知り、それを活用するための機会の提供が求められます。

## ◆「情報のユニバーサルデザイン」を進めるために

　第5章にも記しましたが、同一言語同一民族という社会的な先入観のある日本国内では同一言語内にある言語的諸問題に関する問題提起が非常に少ないという指摘があります（かどや 2003）。そして、いわゆる「情報のユニバーサルデザイン」にあたるような、平易な文章表現等を用いて言語的に弱い立場の人たちを包摂しうるような情報保障やサービスの実践は未だなされていません。

言語的に弱い立場の人たちを包摂しうる「情報のユニバーサルデザイン」の方法として、「わかりやすい日本語」が言語学を超えて諸領域をつなぎ得ることが具体的なかたちで示されたのは、2012年に実施された社会言語科学会第30回大会のワークショップ「だれもが参加できる公正な社会をめざして――情報保障とコミュニケーション」、及びその知見に基づいて記された研究論文（松尾ほか 2013）でした。これらは、外国人住民、ろう者・難聴者、知的障害のある人たちが抱える言語的な諸問題に対して、今後の多文化共生社会における一つの解決策としての日本語の「わかりやすさ」に着目した、国内初の学際的な取り組みでした。

　松尾慎ほか（2013）の研究によれば、震災時等の非常時には、言語的に弱い立場の人たちはとくに情報を得ることがむずかしい状況になりがちであることが指摘されています。阪神・淡路大震災以降、〈やさしい日本語〉での情報提供の研究及び実践は進んできていますが、言語的に弱い立場の人たち全体を対象とした「わかりやすい」日本語による時事情報のメディア配信がなされる社会的資源や体制は未だありません。とくに、災害時などを含む緊急性や必然性の高い時事情報の伝達は、言語的に弱い立場に立たされている人々にとって最も必要なものです。緊急性の高い時事情報は新聞・テレビ・インターネットなどのメディアを介することから、メディアにおける「わかりやすい」情報配信の体制の整備と、メディアの分析によるより幅広い「わかりやすさ」に関する学術的知見の集約は、喫緊の課題といえるでしょう。

　今や〈やさしい日本語〉の実践は領域を超え、現在では聴覚障害のある人々にも研究対象及び実践を広げつつあります（庵ほか 2013、岡 2013）。ですが、第5章でも少し述べましたが、知的障害のある人への〈やさしい日本語〉の応用可能性は指摘されているにとどまっています（庵 2016）。知的障害のある人たちをはじめとする言語にむずかしさを有する人々に、〈やさしい日本語〉によって提供されるメディアの応用可能性を広げるこ

とができると考えられます。公共性の高い情報が視覚的・文章的な双方において誰にでもわかりやすいかたちで提供されることには、大きな意義が認められるのではないでしょうか。

具体的には、三つの方向性から検証することが必要になるでしょう。まず一つは、外国人や発達障害のある人、視覚障害のある人、聴覚障害のある人、あるいは失語症等の人々に向けて作成されている情報が、知的障害のある人たちにとってもわかりやすいかどうかを調べることです。もう一つは、知的障害のある人向けに作られた「ステージ」のような媒体が、言語的なむずかしさを抱える他の人々にとってわかりやすく有用性があるのかどうかを調べることです。さらには、同じ情報源から、知的障害のある人向けの文章と外国人等に向けた文章を作成し、比較することも有効と考えられます。筆者はこれらの比較研究にも取り組んでいます。

## ◆「わかりやすい情報センター」の必要性

「情報のユニバーサルデザイン」の今後の課題の一つに、「住民に情報を提供したり、情報の発信を支援したりする公共施設をつくること」（あべ 2014: 177）があります。この時、従来の情報保障の対象とはなりにくい知的障害のある人たちを対象とする情報の受発信を支援する施設の創設が、知的障害のある人たちを含めた、社会的な情報のユニバーサルデザイン化の社会的な推進の要となりえるのではないでしょうか。

第3章にも述べましたが、スウェーデンでは福祉的思想の展開とともに、1987年に設立されたLL協会が中心となり、文書のLL化が推進されてきた経緯があります。また、ノルウェー、デンマーク等の北欧諸国及びそれらの影響を受けているヨーロッパ諸国では、障害及び言語的多様性に配慮した「わかりやすい」情報提供が実践されています（羽山 2010、かどや・打浪 2013 など）[1]。

日本国内で「ことば」の問題に焦点化がなされにくいのは、国内にある言語の多様性にあまり目が向けられないことに一因があります[2]。加えて、これまで各分野における実践が領域を超えて連携されることはほとんどありませんでした。こうした現状に対して、現在の「言語情報のユニバーサルデザイン化」といえる諸活動を取りまとめ、告知し、支援する団体の設立が必要だといえます。そのもっとも大きな推進力となる「わかりやすい情報センター」の設立を図ることが、言語的な面での不利益を受けない社会の創設、そして社会保障の面からも、今後の日本に必要であるといえます[3]。

　こうした中核的機能を持つものを立ち上げる際、スウェーデン等の北欧諸国の実践をそのまま踏襲するのではなく、現在の国内の実践の良さを反映できるようなかたちでの創設が望ましいと考えます。例えば、スウェーデンのわかりやすい時事情報の配信を担う媒体である『8 SIDOR』やノルウェーの『Klare tale』は、それらが発信するわかりやすい情報の当事者モニタリングはほとんどなされていません（かどや・打浪 2013）。対して、第4章で扱った「ステージ」は編集の中心に知的障害のある人たちが存在し、彼らと共に作られてきたという特長を有しています。当事者のニーズに応えながら当事者の人生における選択肢の幅を増やしていくことを考えるとき、それらの情報発信に知的障害のある人が関わることの意義は非常に大きいと考えられます。それはすなわち、国内の情報の受発信そのものから知的障害のある人たちを排除しないあり方の実現であるともいえるでしょう。また、「わかりやすい」かたちの情報源は、それだけでは当事者が理解するには十分でないことも多いのです。「わかりやすい」情報源の提供とそれらの理解へと結びつける支援のあり方を、現場に即した具体的なかたちの提案ができるような機能を、センターが有することが必須です[4]。

## ◆知的障害のある人たちへの読み書き支援・読書支援

　前節のようなセンターができることはもちろんですが、今すでにある障害のある人への支援の中から、活用できることを広げていくことも必要です。

　例えば、中度や軽度の知的障害のある人たちの場合は、自分の力で読み書きを行うことにニーズがあること、また家族や支援者に頼みたくない代筆・代読も存在しうることが示唆されています（打浪 2014b、2015a）。こうした課題に対しては、どのようなことができるでしょうか。

　視覚障害のある人に対しては、「読み書き支援」があります。その内容は、対面朗読や録音資料の作成等の「代読」、点訳・墨訳・拡大写本の作成や、墨字資料の記入などの「代筆」であり、その範囲として「①勉学上必要なもの（学習資料等）、②職業上で必要なもの（手続き書類、会議資料等）、③日常生活上必要なもの（回覧物、通帳、薬の効能書き、各種申し込みの署名・押印等）」（読書権保障協議会 2012: 32-34）とされています。こうした実践は、支援者だけでなく、例えば図書館の障害者サービス、あるいは高等教育機関等における障害のある学生の支援としても行われています。

　一方、第2章で確認したように、知的障害のある人たちには「わかりやすい」情報提供の必要性は強く認識されておらず、結果として読み書きに関する支援は家族が行ったり、通常の援助の業務の中で支援者が行ったりするものでした。ですが、図書館員であった山内薫の実践など（山内 2008、2011）、知的障害のある人たちのニーズに即した読み聞かせや読書支援等もあります。

　ちなみに、図書館自体のサービスとして北欧を中心とした海外では、障害者サービスが盛んです（吉田 2010、小林・吉田・和気 2012 など）。日本国内の図書館学及び図書サービスとしては、視覚障害のある人等を対象とし

た図書館における「読み書き」の障害者サービスや、ボランティア事業が展開しはじめています（山内 2008, 2011、読書権保障協議会 2012 ほか）。こうした障害者サービスは、知的障害のある人たちにも利用可能性があるのではないでしょうか。

　それらの実践においては、個別具体的な読みやすさにどう対応するかに検討が必要です。例えば、知的障害のある人から図書館での読み聞かせへのニーズがあるときに、どのように読めばよりわかりやすく感じてもらえるかどうか、一人ひとりの状況に合わせていくことが必要になります。また、知的障害のある人たちの図書館の利用率も極めて低いことから、利用促進に関する研究も進められています（藤澤・野口 2017）。こうした既存の障害者サービスを広げて考えることもまた、知的障害のある人たちの情報保障の解決の糸口になりえるでしょう。

## ◆知的障害のある人たちの情報発信の多様化

　ここまで、「わかりやすい情報センター」の必要性や、読み書き支援の可能性について述べてきました。ここまでの話は、知的障害のある人たちが情報を受け取ることに特化したものでしたので、ここで「発信」についても触れておきたいと思います。

　知的障害のある人たちへの「わかりやすさ」の普及はもちろん必要ですが、知的障害のある人たちの情報発信を支えることは同じくらい大切な課題です。まだ少ないとはいえ、視・聴覚障害のある人、及びその他の身体障害等を有する人々は、必要に応じて政治的な運動を起こし、自らのニーズを言論で訴えることも可能です。しかし、第1章でも見たように、知的障害のある人たちは、彼ら「だけ」では言語的な訴えを行うことが非常にむずかしいゆえに、彼らの「声」は、そもそも社会において現存する声となりにくいのが現状です。

海外の事例を参照するならば、コミュニティメディアの可能性が広がっていることを指摘しておきたいと思います。コミュニティメディアとは、従来と異なるメディアのあり方で、非商業性、国家・政府と独立するもの、市民の主体的参加を特徴とするものです（松浦・川島 2010）。例えば、アメリカでは権利運動のなかから、当事者である市民がメディアに参与する権利（アクセス権）の思想が誕生した背景を持っています。その結果、パブリックアクセス・チャンネルが制度化されており、インターネットが盛んとなった現代においても、これらの情報チャンネルは未だインターネットと共存しています。

　日本でも、免許不要のFMラジオの発信や、1992年の放送法施行規則の改正で、市町村単位でのコミュニティ放送は可能になっています。1995年の阪神・淡路大震災以降がきっかけとなった言語的マイノリティへのラジオによる情報提供「わぃわぃ」の試みをきっかけに、こうしたコミュニティメディアは、マイノリティの人々の情報の受発信において進展してきました。とくに、インターネットを介したメディアはさらなる拡大を見せています。障害のある人や言語的マイノリティに関する情報の受発信もこの発展に応じて展開してきています。とくに、2011年の東日本大震災の際のろう者によるインターネットを利用した日本手話による情報発信の実践が展開されるなど（松尾ほか 2013）、当事者の必要に応じることのできるメディアとして着目されました。

　こうした、インターネット等のメディアを視野に入れて、知的障害のある人たちの情報発信の保障を推進していくこと、その告知を行うことは、情報発信のかたちを大きく変革させる可能性を秘めています。実際、知的障害のある人たちによる当事者主体のインターネット放送局である「パンジーメディア」という取り組みもあります（林 2018）。「パンジーメディア」は月に1度、知的障害のある人たちが自分たちの思いを表現し発信する番組です。こうしたメディアが広まっていくことによって、当事者の声やニ

ーズを社会へと伝えられる可能性も広がります。その他、SNSの利用や活用も、スマートフォンやタブレットPCの普及とともに、若い世代を中心に広まってきています。自分たちの表現活動や、声を伝えたいという発信への支援の必要性も、高まってきているのではないでしょうか。

「情報のユニバーサルデザイン」の論者であるあべ・やすしは、情報の発信の権利の尊重と、そのためのインターネットにアクセスする公共施設の必要性を述べています（あべ 2014）。今後、今よりもっとスマートフォン等の新たな機器が普及することも視野に入れて、インターネットアクセスの保障や、情報の受発信の広がりとその保障において、機器の整備と情報機器に関する支援を受けられることが必須となってくるでしょう。

## ◆知的障害のある人たちの「ことば」を受け取るときに

前節では、「発信」を考える必要があることと、そのための手段を述べましたが、実際のところ、知的障害のある人たちからの発信は全くないわけではありません。例えば、インタビューを集めた書籍や（「10万人のためのグループホームを！」実行委員会 2002）、「私たちのことを私たち抜きに決めるな！」という標語に代表される、権利擁護活動である「ピープルファースト」や、知的障害のある人たちによる活動の声（DPI日本会議編 2003）、育成会から発展した当事者主体的な活動である「本人活動」など、知的障害のある人たちは少しずつ、自分たちの「ことば」で語り始めています。

そこで一つ、考えてみてほしいのです。「はじめに」で取りあげた土本秋夫の「ひらがな」での情報提供への要望は、社会においてどのようなまなざしに晒されているでしょうか。「ひらがな」のみで書かれた文章に、文学的表現以外で、どのようなイメージがあるでしょうか。「文字」に対するイメージや権威性は、これまで社会言語学の領域が問題視してきたこ

とでもあります（あべ 2012）。さらに、その上での複合差別的状況がもたらすバリアを考慮するとき、わたしたちは、知的障害のある人たちの宣言や発言を、言語が問題なく運用できる人間の発言と同等に、社会に生きる一個人としての発言としてみなすことができているのでしょうか。

　これは、わたしたちが言語を使いこなす能力があるということと、一個の人間としての「価値」をイコールで結んでしまっていることの何よりの証拠ではないでしょうか。「言語」や「能力」に価値と比重が置かれる社会において、知的障害を持たない、言語を自明視する側の人間（とりあえずここでは、「わたしたち」と呼びます）は、知的障害のある人たちの内面を知ることを自ら閉ざしてしまうことにならないでしょうか。また、「言語」や「能力」を重視する社会的な風潮こそが、知的障害のある人たちへの虐待や残忍な事件を時に引き起こしてはいないでしょうか。

　障害がある人々の言語活動や、障害の有無による言葉の優位性が自明視される現状は、言語学が他の学問と接する場所で、より強く自覚される必要があると筆者は考えます。人として生きることは、「正しく」言語活動を行うこととイコールであると捉えられがちであることを、わたしたちはもっと自覚しなくてはならないのでしょう。

　わたしたちは、知的障害のある人たちに日本語での会話を強いてしまっているかもしれません。「言語」という、わたしたちにとって意思疎通に便利なツールを、多少なりとも習得させて喜んでしまってはいないでしょうか。知的障害を伴う自閉症スペクトラム障害の人を例にあげるならば、視覚優位な特性を考えると、コミュニケーションにより適したツールが多用されれば、極端に不安定にならずに過ごせつつ、かつ意思疎通も簡単になることがあります。にもかかわらず、わたしたちは「言語」を彼らに押し付け、その言語運用を不思議がり、さらには彼らの行動を「記述」して、読み解こうとしているのではないでしょうか。教育学や社会福祉学などは、とくにその傾向が強いように思われます。

知的障害のある人たちの「自己決定」に際して、充分な情報と適切な支援があれば、「自己決定」できるという説があります。これはもちろん大切なことで、「わかりやすい」情報やコミュニケーション支援はその自己決定に役に立ちます。しかし結局、これも知的障害のある人たちが「考える主体」であることを想定しています。それでは、少し強く言ってしまうなら、言語を用いて考えることが出来ないのであれば、彼らは人間ではないのでしょうか。

　人類学者の菅原和孝は、言語に著しい欠陥がある存在が「人間の定義」からこぼれおちてしまうことを指摘しています（菅原 1998）。これは、わたしたちがいかに「ことば・知性・文化」を重要視する世界に生きていて、知らず知らずその価値観に首まで浸かっていることを指摘したものといえます。しかし、そのことを考えようとすれば、「知的障害という問題は、『知』それ自体を抜け出しえない自己言及の循環に追いやる」（菅原 1998: 122）ことになります。結局、それを論じる側が言語を用いている以上、その価値観の外部に立ち得ないという行き止まりにはまってしまうのです。

　この本では、「わかりやすい」情報提供やコミュニケーション支援の議論に終始しましたので、重度の人々のコミュニケーションの多様さには十分に触れることができていません。ですが、実際には知的障害のある人たちは、今あるコミュニケーションツールを用いてさまざまな表現を行っています。発達心理学的な記述の中からも、すでに「われわれの気づきにくいところで、彼ら（知的障害児）が特異な身振りを豊かに生み出しつつ、われわれの慣習的な身振りとの接点を得ているらしい」（大井 1998: 59）という示唆もあります。結局、「『かれら』（知的障害のある人たち）が『かれら』だけで自律的かつユニークに生存している可能世界を思い描くことが出来ず、『われわれ』が『かれら』を庇護するという非対称な関係がずっと続くしかないと考えている」（菅原 1998: 122）以上、わたしたちは彼ら

の表現、彼らの言語を理解することが「できない」人間なのです。

　知的障害という現象から言語や情報・コミュニケーションの問題を考えていこうとするとき、知的障害に対する「認識の転回」（菅原 1998: 123）こそが、要求されているのではないかと考えます。わたしたちの言語がわたしたちの言語のまま意思表明を可能にするように、彼らの表現が彼らの表現のままで受け取られる状態へ導くのに何が必要かを具体的に考え実践することが、知的障害のある人たちの多様な生とその表現を「受けとる」、わたしたちの課題ではないでしょうか。

　最近では、言語を話すことのない重度の知的障害のある人の作品がアウトサイダー・アート（アール・ブリュット）の分野で絶賛されるなど、「障害」-「健常」の概念を超える社会的承認のあり方の一つとして、さまざまな表現のかたちが現れつつあります[5]。彼らの表現そのものが多様な表現の一つであるとみなす見方が確立されれば、彼らの表現の翻訳作業というかたちで、知的障害に関する障害理解が生み出されていくでしょう。障害の多様性と、障害を有する人々の多様な選択は、言語の持つ権威性によって何ら阻害されるべきではありません。そのために、自らに合ったかたちで情報を受け取り、自分の「ことば」で話すことを保障しうる情報のユニバーサルデザイン化があるべきです。そして、社会的弱者としての知的障害のある人たちの位置は、彼らの多様なかたちでの発信の承認とマジョリティの省察から、その位置付けを変じていくことでしょう。

　情報化社会はさらなる通信技術の発展によって、より早く、そしてより広がりつつあります。その傍らで、「ことば」の側面に翻弄され、情報の受発信の場から排除され続ける人々の存在を見逃すことのないような社会のあり方を、模索し続けていく必要があります。彼らを「知的」障害のある人々としているのは、言語の優位性を無意識に確信するマジョリティに他なりません。そのことを踏まえつつ、知的障害のある人たちの情報保障を推進していく必要があるのです。

■注

1 例えばスウェーデンでは第3～4章でも取り上げた「8 SIDOR」と呼ばれるわかりやすい新聞やウェブサイトが、またノルウェーにも平易な文章で書かれた新聞が存在しています。打浪（古賀）文子・かどやひでのり（2014）「ノルウェーにおける情報保障——活字媒体『クラール・ターレ』について」http://www.jsds.org/jsds2014/poster/jsds11_poster19.html

2 日本は「均質な文字社会」であるといわれていますが、識字率があたかも100％であると錯覚されるような言説によって、日本国内の「ことば」の多様性が見えにくくなっている実態があるといわれています。なお、この背景には日本の「単一民族論」があるとされています（あべ 2010）

3 知的障害のある人たちの権利侵害の観点からは問いは立てられますが、当事者が感じている支援者 - 被支援者関係の「抑圧」や「発言しにくさ」に関する実証的な研究は未だ国内には見当たりません。参考として、書記日本語に堪能でないろう者の抑圧に迫ったものとして金澤（2003）をあげておきます。金澤の示す抑圧の現状とろう者の実感は、軽度・中度の知的障害のある人たちが置かれる現状と比較的近いものと推測されます。

4 関連して、視覚障害者の読書権に関わる運動からも、「文字情報センター」の必要性が訴えられています（市橋 1998ab）。これは点訳・朗読・拡大写本・墨字訳などの提供が想定されたものですが、第1章でも確認したように、視覚障害や聴覚障害のある人たちへの情報保障のあり方は、知的障害のある人たちの情報保障においても方法等が共有できる点があります。

5 国内でも、多くの障害者芸術が進展し、例えば2014年の横浜パラトリエンナーレの開催における知的障害のある人たちと芸術家の合同作品のなど、新たなかたちも模索されています。知的障害のある人の「表現の多様性」は少しずつ社会に承認されつつあるといえるでしょう。知的障害のある人たちやマイノリティ表現の多様性については別稿で論じています。以下を参照ください。古賀文子（2005）「障害者問題と表現の課題——『差異』と表現の多様性を考える」www.jsds.org/jsds2005/resume/20050202.doc

# おわりに

## ◆合理的配慮としての「わかりやすい」情報提供・コミュニケーション支援

　ここまで、知的障害のある人たちにとっての「わかりやすい」情報提供やコミュニケーション支援の必要性と、今後それらを社会の中でどのように共有していけるかについて述べてきました。

　最後に、これからの時代の知的障害のある人たちの情報の受発信やコミュニケーションを考えるにあたり、「わかりやすい」情報提要やコミュニケーション支援を当たり前に求めていけるようになるために必要な概念である、「合理的配慮」について確認しておきたいと思います。

### ・知的障害のある人たちと「合理的配慮」

　第2章でも触れた「障害者権利条約」の中には、「合理的配慮（reasonable accommodation）という概念があります。「合理的配慮」は、障害者権利条約の第2条において、「障害者が他のものとの平等を基礎としてすべての人権及び基本的自由を享有し、又は行使することを確保するための必要かつ適当な変更及び調整であって、特定の場合において必要とされるものであり、かつ、均衡を失した又は過度の負担を課さないものをいう」とされています。

　日本は2014年に障害者権利条約を批准しました。そして2016年4月からは、障害ゆえの「不当な差別的取扱い」と、「合理的配慮の不提供」の二つを差別として、それらの解消を目指す「障害者差別解消法」が施行されています。

それでは、知的障害のある人にとっての「合理的配慮」とは、何を指すのでしょうか。法律の施行に先立って、2015年に全国手をつなぐ育成会連合会が中心となり、「『知的障害のある人の合理的配慮』検討協議会」が立ち上げられました。「情報・コミュニケーション」・「福祉サービス」・「住居」・「医療」「教育」・「政治参加（選挙等）」・「司法手続」の各分野における、知的障害のある人にとっての「合理的配慮」を、具体例をあげて検討しています[1]。各分野において問題になる場面はもちろん異なりますが、情報・コミュニケーションにおける配慮において「合理的配慮」の共通の視点としてあげられているのが、「わかりやすい言葉を使う」、「わかりやすい資料を作る」、接する人の「障害理解」の3点です[2]。

また、内閣府は「合理的配慮等具体例データ集　合理的配慮サーチ」[3]を作成しており、データベースで合理的配慮の事例を掲載しています。知的障害のある人への合理的配慮の要点を以下のようにまとめています。

○合理的配慮の提供の例
・ゆっくりはっきりと話したり、コミュニケーションボードなどを用いたりして意思疎通を行う
・資料を簡潔な文章によって作成したり、文章にルビを付したりする
・実物、写真、絵などの視覚的に分かりやすいものを用いて説明する

障害者差別解消法の施行後は、行政機関等では義務として、事業者等は努力義務として行うことになっています。知的障害のある人たちは、こうした配慮を求めていくことができるようになりました。

もちろん、「合理的配慮」の概念にもまだあいまいさがあり、議論が続けられています。また、「合理的配慮」は原則として、障害のある人の求め（知的障害のある人の場合は支援者や家族による意思表明も含みますが）に応じるものであるとされています（野村・池原 2016）。自分から声を上げるこ

と自体にむずかしさを有する知的障害のある人たちにとっては、必要な情報提供や支援を見逃されてしまう場面も多々あるかもしれません。そうであるからこそ、あらかじめ「わかりやすい」かたちにしておくこと、つまり情報やコミュニケーションの障壁をできるだけ低くしておくことが、合理的配慮につながります。

・「合理的配慮」としての情報保障の例

　それでは、どのようなかたちであれば、知的障害のある人がその場で能動的に参加できるような「わかりやすい」情報提供のあり方やコミュニケーションが実現できるのでしょうか。「合理的配慮」が提供された一つの例を見てみたいと思います。

　軽度の知的障害のある人が、そのほかの障害のある人たちや支援者らなどの多くの人と一緒に話し合いに参加した、2010年の内閣府の「障がい者制度改革推進会議」では、知的障害のある委員のために会議内容をわかりやすくリライトした資料が用意されました。さらに、赤・黄・青の三色のカードが用いられました。青は同意します、黄色は話し合いのスピードが速すぎます、赤は理解がむずかしいです、という意味です。知的障害のある委員は会議に参加する際、わかりやすい資料と三色のカードを適宜利用しつつ議論に参加しました。

　自分が参加する相談や会議などの場面において、ふりがなが振るなどの工夫された資料があることや、わかりやすい説明をしてくれる人がいることで、その場に招かれている、参加しているという実感が持てるという当事者の声もあります（全日本手をつなぐ育成会「ステージ」編集委員 2012）。「わかりやすい」

図7　情報保障における合理的配慮の例
　　実際の当事者資料より
　　http://www.dinf.ne.jp/doc/japanese/law/promotion/wakariyasui.html

情報提供は、さまざまな自己決定や他者との意思疎通やコミュニケーションにあたって、それらに自分自身がかかわっているという実感を持って参加するための大切な手段であるといえます。
　「わかりやすい」情報提供やコミュニケーション支援は、知的障害のある人が主体的にその場に参加することを保障するものです。情報伝達やコミュニケーションにおいて、知的障害のある人にとってのわかりやすさやその場への参加しやすさに標準を合わせるということ、すなわち「わかりやすさ」は、知的障害のある人たちのその場への「参加」を保障するための大切な手立てなのです。
　そして、これこそが知的障害のある人を差別しないことであり、「合理的配慮」の一つです。「わかりやすさ」の提供は特別なことではなく、「合理的配慮」として当たり前に求めていけるように法的根拠も整備されています。知的障害のある人とつながり合う時に、そこに当たり前に「わかりやすさ」があるということが、これからの時代のスタンダードになっていくはずです。

## ◆「わかりやすさ」とは何なのか

　現在はインターネットや数々のSNSを通し、さまざまな「当事者」が自分から意見や見解を、そして怒りやニーズを表明することができるようになりました。そしてそれはさまざまなかたちで広められ、展開し、社会を変える原動力になりえる時代となりました。
　しかし、そうなってくると余計に、知的障害のある人たちは、発信のむずかしい立場へと追い込まれているように感じます。誰もが誰とでもコミュニケーションできる時代から切り離されていることに、知的障害のある人たちは気づかないまま過ぎている場合もあります。
　「わかりやすい」情報提供は、この10年ほどの間にわずかですが進展

しています。合理的配慮の考え方や障害ある人々の権利保障に合わせて、情報の「受信」の方は少しずつ広まってきているように感じます。また、「意思決定支援」という用語が示しているように、一人ひとりの個別のニーズを汲み上げる支援技術についても検討が続けられています。

　情報の速さ多さだけでなく、自分に合った方法や手段で、自分に合ったスピードで。そういったものは、もっとこの時代に必要とされてもいいのかもしれない、と思います。そして、そのための手段や方法は、もっとたくさん編み出されてもいいのかもしれないと思います。知的障害のある人と関わる時のみならず、多様な価値観と生き方が広がる今の社会において、それは誰にとっても必要なことではないのでしょうか。

　そうした想いの下、筆者らは 2016 年 5 月に、「一般社団法人スローコミュニケーション」を立ち上げ、活動を開始しました（現在、筆者は副代表を務めています）。一般社団法人スローコミュニケーションのウェブサイトの「法人について」から、代表である野澤和弘の言葉を以下に引用します。

　　「『わかりやすさ』は、自分と相手をつなぐ気持ちです。相手とわかり合いたいと思うとき、『わかりやすさ』が生まれます。（強調は筆者）

　　どんな障害があっても、どんなに高齢になっても、知ってほしいことがあります。彼らからも情報を発信してもらわなくてはなりません。そのためには「わかりやすさ」が必要です。

　　『スローコミュニケーション』は知的障害の人たちへのわかりやすい情報の研究や実践に努めてきた人々が設立しました。

　　知的障害者の親の会である全日本手をつなぐ育成会（現、全国手を

つなぐ育成会連合会)が知的障害者のための新聞『ステージ』を発行したのは1996年です。障害当事者の編集委員を中心に福祉職員や新聞記者、研究者らが協力して発行を続けてきました。

　知的障害のある人たちの社会参加や就労を進めるためには、彼らに必要な情報をわかりやすい形で届けなければなりません。自己選択や自己決定は必要な情報保障があってこそ成り立つものです。そうした思いが20年近くにわたる「ステージ」の発行を支えてきました。

　障害者福祉や権利擁護の中心に意思決定支援の重要性が認識されるようになった今日こそ、わかりやすい情報保障、わかりやすいコミュニケーションが必要です。

　障害の有無だけでなく、年齢や性的指向、国籍、宗教が違っていても、それぞれの存在を認め合い、理解し合うところに本当の多様性が生まれます。そうした社会の土台をつくり、さまざまな可能性を躍動させるのが、わかりやすいコミュニケーションです。

　『わかりやすい文章　わかちあう文化』の研究、理解啓発の活動をスローコミュニケーションは行います。」

強調部の野澤が言うように、相手とコミュニケーションを取りたいと思う時、結果として生まれてくるのが「わかりやすさ」ではないかと、一連の研究及び実践から、筆者もそう強く思います。
　「わかりやすい文章　わかちあう文化」ということばとその意味を、知的障害のある人たちをはじめとして、ことばにむずかしさを抱える様々な人々と分かち合っていけるようになる社会へと変えていけること。知的障

害のある人たちが「わかりやすい」情報を得て、一人ひとりが手助けを得ながら、さまざまな生き方の選択肢が可能になるような社会を創出すること。知的障害のある人たちと一緒に一歩ずつ、そうしたものを目指しつつ、微力ながら力を注いでいきたいと思います。そして、そうして生まれた「わかりやすさ」が、知的障害のある人たちの生きる楽しさや生きやすさを、生み出すきっかけになればと思います。


■注
1 すでに第3章であげた「わかりやすい情報提供のガイドライン」は、この検討協議会に伴って作成されたものです。
2 より詳しい具体例はこちらを参照してください。http://zen-iku.jp/wp-content/uploads/2015/04/2_150130gutairei.pdf
3 内閣府の「合理的配慮等具体例データ集 合理的配慮サーチ」は、以下を参照してください。http://www8.cao.go.jp/shougai/suishin/jirei/index_chiteki.html

## 「わかりやすい版」について

　ここから先のページには、この本の「わかりやすい版」を載せています。

　「わかりやすい版」を作成した意図は、二つあります。
　まず、知的障害のある人たちに、この本の内容が届いてほしいという願いからです。知的障害のある人たちの勉強会や、何らかの集会の時にでも、学びや話し合いの材料として使っていただければ嬉しく思います。
　もう一つ、この本で実際に述べてきたことが、実際にどのような形で実現可能なのか、イメージを持ってもらうためです。私自身、この本で述べたような研究の傍らで、さまざまな資料の「わかりやすい版」の作成にかかわってきました。これまで「わかりやすい版」を見たことがない人にも、実例、あるいは可能性の一つとしてご紹介できればと思いました。

　「わかりやすい版」を作る際には、視覚的に見やすくすること、文章的にわかりやすくする（用語や文の構造を平易にする）ことに加えて、「要点を絞る」ことが大切です。限られた紙幅で要点を絞った結果、この本の全てを伝えることはできていません。ですが、視覚的及び文章的な「わかりやすさ」と、知的障害のある人たちに向けて伝えるべきことに焦点化して作成しています。

　この本を手に取ってくださった方々が「わかりやすい版」を作成する機会がありましたら、この本に書かれたいくつかのルールやわかりやすさの傾向とともに、次ページ以降も参考にしていただければ幸いです。

## わかりやすい版「知的障害のある人たちと『ことば』」

### ▼「ことば」は わかりにくい

あなたは 外出先で
一人で移動している時に
不安になったことはありませんか?

病院・銀行・役所などで
書類を読んだり、手続きをしたりする時に、
困ったことはありませんか?

何かの会議や 話し合いに参加する時、
資料がむずかしかったら、どうしますか?

わたしたちの生活の中にある
たくさんの「ことば」や情報は
ときどき、ひどくむずかしい
かたちをしています。

ですが、それは
「読めない」「むずかしい」
のではなく、
「ことば」自体が
あなたに合ったかたちに
なっていないのです。

▼「情報バリアフリー」だけでは　むずかしい

今の日本では
「情報バリアフリー」といって
パソコンや、スマートフォン・タブレット、
携帯電話などを
障害のある人にも使いやすくする方法が
たくさん、研究されています。

ですが、パソコンやスマートフォンが
使いやすくなるだけでは
解決できないことも　あります。

機械を使って、
いろいろな情報を
調べることが出来るようになっても
**もともとの情報が**
**わかりやすくないと**
結局、わからないままに
なってしまいます。

わかりやすい情報や
わかりやすい説明が
世の中に　もっと増えることが
必要です。

▼ 「ステージ」を 知っていますか?

あなたは
「ステージ」という
「みんながわかる新聞」を知っていますか?

「ステージ」は
全日本手をつなぐ育成会が発行していた
わかりやすい新聞でした。
ニュースや、スポーツ、芸能のこと、
しごとや くらしのこと、
本人活動のことなども、のっていました。

今は、「ステージ」の発行は、
なくなってしまいました。
ですが、
「わかりやすい」本、「読みやすい」本や
行政や福祉のパンフレットの
「わかりやすい版」などが
少しずつ、増えてきています。

「ステージ」のかわりに
一般社団法人スローコミュニケーションは
「わかりやすい ニュース」を
ウェブサイトで、やっています。
みてくださいね。

▼「やさしい日本語」が増えています

ことばやコミュニケーションに
難しさを持っている人たちから
「わかりやすい情報が　もっと ほしい」
「コミュニケーションを　わかりやすく　したい」
という希望が　あがっています。

そうした希望にこたえて、
ＮＨＫは、外国人のために
「やさしい日本語」によるニュースを
ウェブサイトに　のせています。
とてもわかりやすく　書かれています。
さらに、このニュースには、
動画と　音声も ついています。

テレビや、インターネットは
機械の操作のむずかしさと
情報のむずかしさの　両方を
できるだけ なくそうとしています。

これから、もっと
身の回りの情報が
色んな人に使いやすいように
わかりやすくなって　いくはずです。

わかりやすい版「知的障害のある人たちと『ことば』」

### ▼「わからない」って言ってみてください

あなたは 外出先で
一人で移動している時に
不安になったことはありませんか？
病院・銀行・役所などで
書類を読んだり、手続きをしたりする時に、
困ったことはありませんか？

何かの会議や 話し合いに参加する時、
資料がむずかしかったら、どうしますか？

「わかりやすい資料や 説明が ほしい」
「機械の操作を、手伝ってほしい」
と思うことがあったら、
その気持ちや、思っていることを
周りの人に 伝えてみてください。
誰に言ったらいいか わからない人は
病院・銀行・役所だったら、
案内の人や、係の人に、
言ってみてください。

わかりやすい資料を もらえたり、
わかりやすく 説明してもらえたりします。
券売機や、機械の操作が難しければ、
誰かが、手伝ってくれます。

## ▼「合理的配慮」を 知っていますか？

あなたが、「ことば」や
情報のむずかしさで 困る時は
周りの人に、言ってみましょう。

あなたの考えや希望を
聞いてくれた人たちは、
**あなたの気持ちを確認しながら、**
**あなたを手助けしてくれます。**
このことを、
「合理的配慮」といいます。

今は、みんなが使う場所やもの
(**役所や、電車・バスなどの交通など**)では
「合理的配慮」を
行うことになっています。

だから、
「困ったな」と思ったら
周りの人に相談してみてください。
誰かがきっと、こたえてくれます。

▼あなたに合った　わかりやすさを

わかりやすい情報や
わかりやすい説明があると、
自分で決めたり、考えたり
しやすくなります。

周りの人たちの力を借りたり
話し合ったりしながら
あなたにとって　わかりやすいように
「ことば」や情報のかたちを
変えていきましょう。

わかりやすい「ことば」は、
あなたと、周りの人たちを
つなぐためのものです。
あなたが、あなたらしく　過ごすために
わかりやすい情報が、あるのです。

## ■お礼など

　最後に、研究や実践、思索を支えてくださった方にお礼を記させてください。

　ここまでの研究を進めるにあたり、日本学術振興会の科学研究費の助成を受けました。2009〜2010年度は「知的障害者の情報アクセシビリティ向上のための基礎的研究（研究活動スタート支援：21830175）」、2015〜2017年度は「知的障害者にわかりやすい情報提供のあり方に関する領域横断的研究（挑戦的萌芽研究：15K12882）」、2018年度は「知的障害者を中心とした言語的困難を抱える人々の情報保障のあり方に関する学際的検討（若手研究：18K12987）」の助成を受けています。

　また、筆者が現在所属しています淑徳大学短期大学部から、この本の出版助成をいただくことが出来ました。ありがとうございます。

　研究や実践、及び議論にご協力くださった方々にもお礼を書かせてください。

　この本の第4章のもとになった論文は、社会言語科学会第15回徳川宗賢賞の萌芽賞をいただきました。学会やシンポジウム等での様々な方々との議論が、大いに執筆の推進力となりました。

　また、全国手をつなぐ育成会連合会及び「ステージ」関係者の皆様、これからもお世話になります一般社団法人スローコミュニケーションの野澤和弘代表、室津様、羽山様などの関係者の皆様には、たくさんのご協力を頂きました。

　さらに、わたしの最初の論文から今に至るまで、数々のものを書く過程でたくさんのご助言と励ましをいただきました。ましこ・ひでのりさん、かどや・ひでのりさん、あべ・やすしさん、しらいしまさよさん。奈良学

園大学人間教育学部講師の大淵裕美さん。議論を交わしてくださった情報保障研究会のみなさん。博士論文の執筆と審査にあたり数々のご助言をいただきました奈良女子大学大学院人間文化研究科の先生方。それから、夫と二人の娘と、研究をはじめるきっかけとなった重度知的障害の弟。最後になりましたが、この本を送り出すことをご快諾いただき、ご尽力いただきました生活書院の髙橋様。

　本当にありがとうございました。

　この本が、知的障害のある人たちの生活を少しでも良いかたちへと変えるきっかけとなり、「わかりやすい」情報提供の社会的な広がりの一端を担えたならば、これ以上しあわせなことはありません。

　2018年の秋に

打浪文子（古賀文子）

## ■この本のもとになった研究について

　この本は、2006年から2014年にかけて筆者が行った研究に基づいて書いた博士学位論文をベースに、2015年から2017年にかけて行った研究の知見や現在の研究・実践に基づいて加筆・修正を行い、多少なりとも「わかりやすい」かたちにしたものです。書き直している部分も多いのですが、初出及び関係のある筆者の研究論文等を載せておきます。ご参照ください。下記以外にも「わかりやすい」情報提供やコミュニケーション支援に関する研究を展開しています。

古賀文子（2006）「『ことばのユニバーサルデザイン』序説——知的障害児・者をとりまく言語的諸問題の様相から」『社会言語学』6: 1-17

打浪（古賀）文子（2009）「障害者と情報アクセシビリティに関する諸課題の整理——情報保障の概念を中心に」『社会言語学』9: 1-16

打浪（古賀）文子（2011）「知的障害者への情報のユニバーサルデザイン化に向けた諸課題の整理」『社会言語学　別冊』1: 5-19

打浪（古賀）文子（2014a）「知的障害者への『わかりやすい』情報提供に関する検討——『ステージ』の実践と調査を中心に」『社会言語科学』17（1）: 85-97

打浪（古賀）文子（2014b）「知的障害者の社会生活における文字情報との接点と課題——軽度及び中度の当事者への聞き取り調査から」『社会言語学』14: 103-120

打浪文子（2015a）「知的障害者の情報機器の利用に関する社会的課題——軽度及び中度の当事者への聞き取り調査から」『淑徳大学短期大学部研究紀要』54: 105-120

打浪文子（2015b）「知的障害者向け『わかりやすい情報提供』と『やさしい日本語』」『ことばと文字』4: 22-29

打浪文子（2017）「『やさしい日本語』の知的障害者への応用可能性——時事情報に着目して」『第39回社会言語科学会発表論文集』: 178-181.

## ■参考文献

秋山なみ・亀井伸孝(2004)『手話でいこう』ミネルヴァ書房
浅川智恵子(2012)「アクセシビリティ向上のための情報技術とユニバーサルデザイン」『情報の科学と技術』62(5):192-197
あべ・やすし(2002)「漢字という障害」『社会言語学』2: 37-55
――― (2003)「てがき文字へのまなざし――文字とからだの多様性をめぐって」『社会言語学』3: 15-30
――― (2009)「言語という障害――知的障害者を排除するもの」『社会言語学』9: 232-251
――― (2010a)「てがき文字へのまなざし――文字とからだの多様性をめぐって」かどやひでのり・あべ やすし編著『識字の社会言語学』生活書院: 114-158
――― (2010b)「識字のユニバーサルデザイン」かどやひでのり・あべやすし(編)『識字の社会言語学』生活書院: 284-342
――― (2011)「情報保障の論点整理――『いのちをまもる』という視点から」『社会言語学』11: 1-26
――― (2012)「漢字という障害」ましこ・ひでのり編『ことば/権力/差別[新装版]――言語権からみた情報弱者の解放』三元社: 131-163
――― (2013)「金融機関の窓口における代読・代筆について――公共性とユニバーサルサービスの視点から」『社会言語学』13: 59-83
――― (2014)「情報のユニバーサルデザイン」佐々木倫子編『マイノリティの社会参加 ――障害者と多様なリテラシー』くろしお出版: 156-179
荒木兵一郎・中野善達・定藤丈弘編(1999)『講座 障害をもつ人の人権(2)社会参加と機会の平等』有斐閣
庵 功雄(2016)『やさしい日本語――多文化共生社会へ』岩波新書
庵 功雄・イ ヨンスク・森 篤嗣 編著(2013)『「やさしい日本語」は何を目指すか――多文化共生社会を実現するために』ココ出版
庵 功雄・岩田一成・森 篤嗣(2011)「『やさしい日本語』を用いた公文書の書き換え――多文化共生と日本語教育文法の接点を求めて」『一橋大学教育研究開発センター人文・自然研究』5: 115-139
生田正幸(2002)「福祉情報論からみたIT――福祉情報とIT弱者」『障害者問題研究』29(4):317-324
石川 准(1999a)「障害、テクノロジー、アイデンティティ」石川准・長瀬修編著『障害学への招待』明石書店: 41-77
――― (1999b)「あとがき」石川准・長瀬修編著『障害学への招待』明石書店: 313-317

―――― (2000)「平等派でもなく差異派でもなく」倉本智明（他）編『障害学を語る』エンパワメント研究所：28-42
―――― (2004)『見えないものと見えるもの――社交とアシストの障害学』医学書院
―――― (2006)「アクセシビリティはユニバーサルデザインと支援技術の共同により実現する」村田純一編『共生のための技術哲学――ユニバーサルデザインという思想』未來社：124-138
石川准・倉本智明編著 (2003)『障害学の主張』明石書店
石川准・長瀬 修編著 (1999)『障害学への招待』明石書店
石崎朝世監修・湯汲英史編 (2008)『発達障害のある子への言葉・コミュニケーション指導の実際』診断と治療社
市川恵美子 (2009)「手話によるコミュニケーション支援から見える課題」『季刊福祉労働』123: 61-67
市橋正晴 (1998a)『読書権ってなあに・上』大活字
―――― (1998b)『読書権ってなあに・下』大活字
井上滋樹 (2004)『ユニバーサルサービス――すべての人が響きあう社会へ』岩波書店
伊福部達 (2014)『福祉工学への招待――ヒトの潜在能力を活かすモノづくり』ミネルヴァ書房
岩田一成 (2014)「公的文書の書き換え――語彙・文法から談話レベルへ」『シンポジウム「やさしい」日本語研究の現状とその展開』発表予稿集』: 3-8
岩本真紀子 (2003)「もっとわかりやすい情報を！――みんながわかる新聞『ステージ』制作にかかわって」『図書館雑誌』97(4): 218-220
上野千鶴子 (1995)「複合差別論」『差別と共生の社会学』岩波書店：203-232
上野千鶴子・中西正司 (2003)『当事者主権』岩波書店
上農正剛 (2003a)『たったひとりのクレオール――聴覚障害児教育における言語障害認識』ポット出版
―――― (2003b)「医療の論理、言語の論理――聴覚障害児にとってのベネフィットとは何か」『現代思想』31(13): 166-179
打浪（古賀）文子 (2009)「障害者と情報アクセシビリティに関する諸課題の整理――情報保障の概念を中心に」『社会言語学』9: 1-16
―――― (2011)「知的障害者への情報のユニバーサルデザイン化に向けた諸課題の整理」『社会言語学別冊』1: 5-19
―――― (2014a)「知的障害者への『わかりやすい』情報提供に関する検討――『ステージ』の実践と調査を中心に」『社会言語科学』17(1): 85-97
―――― (2014b)「知的障害者の社会生活における文字情報との接点と課題――軽度及び中度の当事者への聞き取り調査から」『社会言語学』14: 103-120
打浪文子 (2015a)「知的障害者の情報機器の利用に関する社会的課題――軽度及び中度の当事者への聞き取り調査から」『淑徳大学短期大学部研究紀要』54: 105-120
―――― (2015b)「知的障害者向け『わかりやすい情報提供』と『やさしい日本語』」

『ことばと文字』4: 22-29

打浪文子・岩田一成・熊野 正・後藤 功雄・田中 英輝・大塚 裕子（2017）「知的障害者向け「わかりやすい」情報提供と 外国人向け「やさしい日本語」の相違──「ステージ」と「NEWSWEB EASY」の語彙に着目した比較分析から」『社会言語科学』20(1)：29-41

有働眞理子（2003）「知的障害児の言語表現を解釈する視点について」『言語表現研究』19: 45-55

宇野和博（2009）「教科書バリアフリー法と視覚障害児の学習権」『季刊福祉労働』123: 76-85

江田裕介・松下香好（2007）「特別支援学校（知的障害・肢体不自由）の児童生徒における携帯電話の利用状況に関する実態調査」『和歌山大学教育学部教育実践総合センター紀要』17: 59-64

江田裕介・森千代喜・一ツ田啓之（2010）「特別支援学校（知的障害）の児童生徒におけるコンピュータ及び携帯電話の利用状況」『和歌山大学教育学部教育実践総合センター紀要』20: 7-14

及川更紗・大塚裕子・打浪文子（2014）「知的障がい者を対象とした文章のわかりやすさの解明──季刊誌「ステージ」を対象に」『電子情報通信学会技術研究報告』114(189)：1-6

大井学（1998）「重い遅れと通じ合う身体」秦野悦子・やまだようこ編『コミュニケーションと言う謎』ミネルヴァ書房：52-76

大河原眞美（2006）「司法言語のバリアフリー化」『月刊言語』35(7)、40-45.

大木 崇（2002）『「英語で書く」基本が身につく本』研究社

太田啓子（2008）「『軽度』身体障害者のライフサイクルにおける障害観の変容──他者との関係性に焦点をあてて」『障害学研究』3: 90-116

太田晴康・下島かほる（2003）「通常中学校における聴覚障害生徒への情報保障──インテグレーションと、要約筆記を活用した学習支援」『ろう教育科学』45(3)：191-202

太田晴康（2005）「情報バリアフリーに関する一考察」『福祉情報実践研究会紀要』1: 13-19

─── （2006）「『情報コミュニケーション支援』小論」『福祉情報実践研究会紀要』2: 7-11

岡 典栄（2013）「ろう児への日本語教育と『やさしい日本語』」庵 功雄・イ ヨンスク・森 篤嗣 編著『「やさしい日本語」は何を目指すか──多文化共生社会を実現するために』ココ出版：299-320

岡庭千泰（2001）「知的障害のある人のIT革命」『ノーマライゼーション』21(5)：18-20

岡本 隆・橘 恵昭編著（2005）『情報化社会のリテラシー──情報と技術・経済・経営・倫理・法律・福祉』晃洋書房

オストハイダ・テーヤ（2011）「言語意識とアコモデーション――『外国人』『車いす使用者』の視座から見た『過剰反応』」山下仁・渡辺学・高田博行編著『言語意識と社会――ドイツの視点・日本の視点』三元社: 9-36

カセム，ジュリア（2014）平井康之監修 ホートン・秋穂訳『「インクルーシブデザイン」という発想――排除しないプロセスのデザイン』フィルムアート社

加藤あけみ・横溝一浩（2007）「福祉情報における三つの概念――情報保障、情報保証、情報補償」『静岡福祉大学紀要』3: 39-47

角谷英則（2002）「言語をめぐる差別と人権（1）」『人権21』（岡山部落問題研究所）160: 64-71

かどや・ひでのり（2003）「日本社会における言語差別――言語をめぐる差別と人権（2）」『人権21』（岡山部落問題研究所）162: 20-30

――――（2005）「言語権のひとつの帰結としての計画言語」『社会言語学』5: 35-51

――――（2013）「書評 佐々木倫子編『ろう者からみた多文化共生』」『社会言語学』13: 175-186

かどやひでのり・あべやすし編著（2010）『識字の社会言語学』生活書院

かどやひでのり・打浪文子（2013）「情報保障における当事者性――情報保障の媒体の日瑞比較」『第15回言語政策学会報告要旨集』: 43-45

金澤貴之（2003）「聾者がおかれるコミュニケーション上の抑圧」『社会言語学』3: 1-13

――――（2007）「大学における情報保障に求められること」『聴覚障害』679: 19-23

――――（2013）「特別支援教育における『支援』概念の検討」『教育社会学研究』92(0): 7-23

亀井伸孝（2004）「言語と幸せ――言語権が内包すべき三つの基本的要件」『先端社会研究』1: 131-157

亀井 学・大城英名（2006）「知的障害生徒の豊かな生活のためのIT活用支援に関する授業実践」『秋田大学教育文化学部教育実践研究紀要』28: 75-90

川内美彦（2006）「ユニバーサルデザインについて」村田純一編『共生のための技術哲学――「ユニバーサルデザイン」という思想』未来社: 96-109

川島聡・東俊裕（2008）「障害者の権利条約の成立」長瀬修・東俊裕・川島聡編『障害者の権利条約と日本――概要と展望』生活書院: 11-34

川島聡・飯野由里子・西倉実季（2016）『合理的配慮――対話を開く、対話が拓く』有斐閣

河野正輝・関川芳孝編著『講座 障害を持つ人の人権1――権利保障のシステム』有斐閣

河村 宏（2004）「これからの情報サービスにおけるアクセシビリティー」『情報の科学と技術』54(8): 421-424

川村よし子（2013）「リーディング・チュウ太と『やさしい日本語』」庵功雄・イヨンスク・森篤嗣編著『『やさしい日本語』は何を目指すか――多文化共生社会を実現するために』ココ出版: 199-218

北沢清司（2007）「利用者負担について今一度考える」『サポート』54(5)：27-31
木村護郎クリストフ（2001）「言語は自然現象か——言語権の根拠を問う」『社会言語学』1: 39-55
――――（2010）「日本における『言語権』の受容と展開」『社会言語科学』13(1): 4-18
――――（2012）「『言語権』からみた日本の言語問題」砂野幸稔編『多言語主義再考——多言語状況の比較研究』三元社：687-709
――――（2015）「障害学的言語権論の展望と課題」『社会言語学』15: 1-18
木村晴美・市田泰弘（1995）「聾文化宣言」『現代思想』23(3)：354-362
ギャニオン，アイリーサ（2011）門 眞一郎訳『パワーカード——アスペルガー症候群や自閉症の子供の意欲を高める視覚的支援法』明石書店
清原慶子（2002）「障害者の人権と『情報バリアフリー』」『障害者問題研究』29(4)：307-316
工藤瑞香・大塚裕子・打浪文子（2013）「知的障がい者と健常者のコミュニケーション支援に向けたテキスト分析」『言語処理学会第 19 回年次大会発表論文集』：280-283
倉本智明・長瀬 修（2000）『障害学を語る』エンパワメント研究所
倉本智明（2006）『だれか、ふつうを教えてくれ！』理論社
グレイ，キャロル（2005）門眞一郎 訳『コミック会話——自閉症など発達障害のある子どものためのコミュニケーション支援法』明石書店
古賀文子（2006）「『ことばのユニバーサルデザイン』序説——知的障害児・者をとりまく言語的諸問題の様相から」『社会言語学』6: 1-17
国立国語研究所「病院の言葉」委員会（2009）『病院の言葉を分かりやすく——工夫の提案』勁草書房
古瀬 敏 編（1998）『ユニバーサル・デザインとは何か——バリアフリーを超えて』都市文化社
越永至道（2000）「知的障害者とリハビリテーション——情報提供による本人支援という観点から」『リハビリテーション研究』103: 21-25
後藤吉彦（2005）「障害者／健常者カテゴリーの不安定化にむけて——障害学における新たな機軸として」『社会学評論』55(4)：400-417
子どもたちの自立を支援する会（2012）『ひとりだちするための国語』日本教育研究出版
小林ソーデルマン淳子・吉田右子・和気尚美（2012）『読書を支えるスウェーデンの公共図書館——文化・情報へのアクセスを保障する空間』新評論
小林美津江（2011）「知的障がい者への情報の保障の意義と展望——LL ブックのとりくみから見えてくること」『コミュニケーション障害学』28(1)：21-27
坂井 聡（1997）「自閉性障害児への VOCA を利用したコミュニケーション指導」『特殊教育学研究』34(5)：59-64
坂井 聡・宮崎英一（2009）『ケータイで障がいのある子とちょこっとコミュニケーション』学習研究社

佐々木夏実（2010）「情報教育」茂木俊彦編『特別支援教育大辞典』: 458
真田信治・庄司博史編（2005）『事典　日本の多言語社会』岩波書店
シェイウィッツ, サリー（2006）藤田あきよ 訳『読み書き障害「ディスレクシア」のすべて――頭はいいのに、本が読めない』PHP研究所
柴田洋弥（2012）「知的障害者等の意思決定支援について」『発達障害研究』34(3): 261-272
柴田保之（2010）「言語の生成に関する知的障害の新しいモデルの構築に向けて」『國學院大學人間開発学研究』2: 5-23
渋谷謙次郎（2006）「言語権と人権・平等」ましこ・ひでのり編著『ことば・権力・差別――言語権から見た情報弱者の解放』三元社: 43-64
島治伸・三室秀雄（2005）「特別支援教育におけるコミュニケーション支援」特別支援教育におけるコミュニケーション支援委員会編『特別支援教育におけるコミュニケーション支援――AACから情報教育まで』ジアース教育新社: 9-35
清水潤・内海淳・鈴木顕（2005）「知的障害者の『新たな職域』開拓の背景と動向」『秋田大学教育文化学部教育実践研究紀要』27: 45-54
下島かほる・太田晴康（2005）「通常の学級における聴覚障害生徒への情報保障（2）」『ろう教育科学』47(2): 69-75
社会福祉法人全日本手をつなぐ育成会編（2009）『わかりやすい障害者の権利条約――知的障害のある人の権利のために』社会福祉法人全日本手をつなぐ育成会
「10万人のためのグループホームを！」実行委員会編（2002）『もう施設には帰らない――知的障害のある21人の声』中央法規出版
障害者社会福祉研究会（2002）『ICF国際生活機能分類――国際障害分類改定版』中央法規出版
庄司博史（2005）「言語権」真田信治・庄司博史編『事典　日本の多言語社会』岩波書店: 10-12
末永弘（2009）「知的障害者へのコミュニケーション支援とは」『福祉労働』123: 86-97
菅原和孝（1998）「反響と反復」『コミュニケーションという謎』ミネルヴァ書房: 99-125
杉田穏子（2011）「知的障害のある人のディスアビリティ経験と自己評価――6人の知的障害のある女性の人生の語りから」『社会福祉学』52(2): 54 - 66
―――（2017）『知的障害のある人のライフストーリーの語りから見た障害の自己認識』現代書館
杉並区役所区長室総務課編（2005）『外来語・役所ことば言い換え帳』ぎょうせい
杉野昭博（1997）「『障害の文化』と『共生』の課題」青木保ほか編『岩波講座文化人類学第8巻 異文化の共存』岩波書店: 247-274
―――（2005）「『障害』概念の脱構築――障害学会への期待」『障害学研究』1: 8-21
―――（2006a）「障害学のアクセス可能性――3つの知的障害研究を題材として」『障害学研究』2: 6-18

―――(2006b)「知的障害と絵記号（ピクトグラム）――障害学の視点から」『関西大学社会学部紀要』38(1)：175-190
―――（2007）『障害学――理論形成と射程』東京大学出版会
―――（2008）「障害者と共生政策――障害学会における情報保障を題材として」三重野卓編『共生社会の理念と実際』東信堂：2-71
すぎむらなおみ（2009）「書評　LLブックを学校へ！」『社会言語学』9: 249-260
―――（2013）「障害をもつ身体が性暴力被害にあったとき――マイナー・マイノリティの『つたわらない』困難」『社会言語学』13: 1-15
関川芳孝（2002）「情報アクセスの権利と政策」河野正輝・関川芳孝編著『講座　障害を持つ人の人権1――権利保障のシステム』有斐閣：158-168
関根千佳（2002）『「誰でも社会」へ――デジタル時代のユニバーサルデザイン』岩波書店
―――（2005）「日本」山田肇編『情報アクセシビリティ――やさしい情報社会へ向けて』NTT出版：123-136
全国ろう児を持つ親の会編（2003）『ぼくたちの言葉を奪わないで！――ろう児の人権宣言』明石書店
全日本手をつなぐ育成会「ステージ」編集委員（2012）「知的障害のある人にとってのわかりやすい情報――みんながわかる新聞『ステージ』のとりくみ」『ノーマライゼーション』32(6)：36-37
総務省（2003）『情報通信白書　平成15年版』ぎょうせい
総理府（1995）『障害者白書　平成7年版』大蔵省印刷局
―――（1998）『障害者白書　平成10年版――「情報バリアフリー」社会の構築に向けて』大蔵省印刷局
―――（2000）『障害者白書　平成12年版――バリアフリー社会を実現するもの作り』　大蔵省印刷局
副島洋明（2000）『知的障害者　奪われた人権――虐待・差別の事件と弁護』明石書店
薗部英夫（2002）「ITと障害者問題に関する政策動向」『障害者問題研究』29(4)：325-333
高井和美（2014）「こどもが『わかる』を大切にした授業づくり」浜本純逸・難波博孝・原田大介編『ことばの授業づくりハンドブック――小・中・高を見とおして』渓水社：20-38
田垣正晋（2002）「生涯発達から見る『軽度』肢体障害者の障害の意味――重度肢体障害者と健常者の狭間のライフストーリーから」『質的心理学研究』1: 36-54
田垣正晋　編著（2006）『障害・病いと「ふつう」のはざまで――軽度障害者どっちつかずのジレンマを語る』明石書店
高田英一（2002）「権利としての情報保障」『手話コミュニケーション研究』45: 2-8
高橋亘・柳内英二（2007）「PICシンボルによる知的障害者のコミュニケーション支援システム」『関西福祉科学大学紀要』11: 49-54

―――――(2008)「PIC シンボルによる知的障害者の意思表示システム」『関西福祉科学大学紀要』12: 41-48
滝本太郎・石井謙一郎(2002)『異議あり！「奇跡の詩人」』同時代社
武居 光(1999)「知的障害のある人のための『わかりやすい本』製作活動の動き」『ノーマライゼーション』19(9)：59-63
立岩真也(1997)『私的所有論』勁草書房
―――――(1999)「自己決定する自立――なにより、でないが、とても、大切なもの」石川准・長瀬 修編『障害学への招待――社会、文化、ディスアビリティ』明石書店：79-107
―――――(2000)『弱くある自由へ――自己決定・介護・生死の技術』青土社
―――――(2002)「ないにこしたことはない、か・1」、石川 准・倉本智明 編『障害学の主張』明石書店：47-87
―――――(2004)『自由の平等――簡単で別な姿の世界』岩波書店
田中 淳(1999)「災害弱者対策――情報保障の観点から」『月刊言語』28(8)：78-81
田中和代・岩佐亜紀(2008)『高機能自閉症・アスペルガー障害・ADHD・LD の子のSST の進め方――特別支援教育のためのソーシャルスキルトレーニング』黎明書房
田中邦夫(2004)「情報保障」『社会政策研究』4: 93-118
―――――(2009)「裁判員制度と情報保障」『季刊福祉労働』123: 98-103
田中耕一郎(2008)「社会モデルは『知的障害』を包摂し得たか」『障害学研究』3: 34-62
田中英輝・美野秀弥・越智慎司・柴田元也(2013)「やさしい日本語ニュースの公開実験」『NHK 技研 R&D』139: 20-29
田中英輝・熊野正・後藤功雄・美野秀弥(2018)「やさしい日本語ニュースの制作支援システム」『自然言語処理』25(1)：81-117
土本秋夫(2011)「バリア（かべ）とおもうこと」『ノーマライゼーション』31(12)：31-33
鶴田真紀(2006)「知的障害者のライフストーリーの構築――インタビューにおける聞く実践とカテゴリーの省察的検討」『障害学研究』2: 124-149
DPI 日本会議編(2003)『世界の障害者われら自身の声――第6回 DPI 世界会議札幌大会報告』現代書館
寺本晃久(2000)「『知的障害』概念の変遷」『現代社会理論研究』（現代社会理論研究会）10: 195-207
寺本晃久・岡部耕典・末永 弘・岩橋誠治(2008)『良い支援？――知的障害／自閉の人たちの自立生活と支援』生活書院
読書権保障協議会(2012)『読み書き（代読・代筆）情報支援員入門』小学館
内閣府(2001)『障害者白書 平成13年版 障害のある人と IT――IT が拓く新たな可能性』財務省印刷局

―――― (2004)『障害者白書　平成16年版　障害のある人とIT――ITが拓く新たな可能性』財務省印刷局
中井敦美 (2010)「知的障害者の情報保障に関する基礎的研究――公的機関及び知的障害者施設における支援方法の検討」平成22年度筑波大学大学院人間総合科学研究科障害科学専攻修士論文（未公刊）
長崎 勤・古澤頼雄・藤田継道 編 (2002)『臨床発達心理学概論――発達支援の理論と実際』ミネルヴァ書房
長瀬 修 (1999)「障害学に向けて」石川 准・長瀬 修 編著『障害学への招待』: 11-39
長瀬 修・東 俊裕・川島 聡編 (2008)『障害者の権利条約と日本――概要と展望』生活書院
長崎 勤・藤田継道・古沢頼雄 (2002)『臨床発達心理学概論――発達支援の理論と実際』ミネルヴァ書房
中西正司・上野千鶴子 (2003)『当事者主権』岩波新書
中根成寿 (2006)『知的障害者家族の臨床社会学――社会と家族でケアを分有するために』明石書店
中邑賢龍 (1997)「知的障害及び自閉的傾向を持つ子供のVOCA利用可能性に関する研究――養護学校におけるVOCA遊びと会話能力からの検討」『特殊教育学研究』35(2): 33-41
―――― (1998)『AAC入門――拡大・代替コミュニケーションとは』こころリソースブック出版会
―――― (2005)「高齢の人・障害のある人への支援　第6回　知的障害とその周辺障害のある人たちへの支援技術開発の方向性」『ヒューマンインターフェース学会誌』7(3): 213-218
―――― (2012)「特別支援教育へのタブレットPC導入のポイント」『ATACカンファレンス2012東京』: 64-65
中村広幸 (2005)「情報のアクセシビリティに関する一考察」山田肇編『情報アクセシビリティ――やさしい情報社会へ向けて』NTT出版: 228-257
名川 勝・渡辺勧持・薬師寺明子・杉田穏子・花崎三千子・堀江まゆみ・鈴木義弘・鈴木伸佳・岩本真紀子 (2006)「『わかりやすい表現』(plain text) 活動・研究の現状と方向性」『独立行政法人福祉医療機構（高齢者・障害者福祉基金）助成平成17年度「グループホーム支援方策推進事業」報告書』: 97-107
新潟・本人主張の会あすなろ (2008)「私たちに関する情報と情報手段」『ノーマライゼーション』28(11): 34-35
西村 愛 (2005)「知的障害児・者の『主体』援助の陥穽を問う――ナラティブ・アプローチの批判的考察をもとに」『現代文明学研究』（現代文明学研究編集委員会）7: 410-420
―――― (2009)「知的障害のある本人の意向に沿った支援を再考する」『日本の地域福祉』22: 60-71

日本弁護士連合会人権擁護委員会編（2002）『障害のある人の人権と差別禁止法』明石書店

野口武悟（2009）「特別支援学校における学校図書館の現状と課題——全国悉皆調査と事例調査を通して」『平成19〜20年度科学研究費補助金若手研究（B）研究成果報告書』

野口武悟・植村八潮（2016）『図書館のアクセシビリティ——「合理的配慮」の提供へ向けて』樹村房

野澤和弘（2006a）『わかりやすさの本質』日本放送出版協会

─── （2006b）「知的障害者のための新聞『ステージ』」『月刊言語』35(7)：60-67

野村茂樹・池原毅和 編（2016）『Q&A 障害者差別解消法』生活書院

野村美佐子（2006）「マルチメディアデイジーを活用したとりくみ——知的障害や発達障害のある人たちを対象にした活動を中心に」『ノーマライゼーション』26(2)：24-27

─── （2012）「マルチメディアDAISYを活用した電子教科書」『情報の科学と技術』62(5)：203-208

秦野悦子・やまだようこ編（1998）『コミュニケーションという謎』ミネルヴァ書房

林 淑美（2018）「知的障害がある人にとってのメディアとは？——当事者主体の放送局・パンジーメディアの取り組みから」『手をつなぐ』747: 22-23

羽山慎亮（2010）「活字情報バリアフリーにおける漢字の関わり」『メディア学』25: 10-34

─── （2017）「政府刊行物の「わかりやすい版」の言語的特徴——知的障害者が制度を理解するという観点による考察」『社会言語科学』20(1)：146-160

春山廣輝（1998）「精神薄弱者の社会参加に関する研究」『厚生省心身障害研究平成8年度研究報告書』

東田直樹（2007）『自閉症の僕が跳びはねる理由』エスコアール

─── （2014）『跳びはねる思考』イースト・プレス

ファルム，シャシュテイン（1999）「書きことばの世界への参加——スウェーデン」ヤン・テッセブロー他，二文字理明 監訳『北欧の知的障害者——思想・政策と日常生活』青木書店：203-234

藤澤和子（2001）『視覚シンボルでコミュニケーション 日本版PIC活用』ブレーン出版

─── （2008）「文字を併記した視覚シンボルによるメッセージの意図理解に及ぼす文脈の効果」『教育心理学研究』56(3)：303-317

藤澤和子・清田公保・中山典子（2005）「視覚シンボルを使用した知的障害児のための電子メールの開発と活用実践」『日本教育工学会論文誌』29(4)：597-606

藤澤和子・吉田くすほみ（2009）「施設への読書環境に関する調査」藤澤和子・服部敦司編著『LLブックを届ける——やさしく読める本を知的障害・自閉症のある読者へ』読書工房：76-99

藤澤和子・服部敦司 編著（2009）『LLブックを届ける——やさしく読める本を知的障

害・自閉症のある読者へ』読書工房
藤澤和子・河西聖子（2012）「知的障害者の図書館利用を進めるための LL（やさしく読める）図書館利用案内」『図書館界』64(4)：268-276
藤澤和子・野口武悟（2017）「知的障害者を対象とした公共図書館の利用実態とニーズ調査」『日本図書館情報学会春季研究集会発表論文集』：63-66
藤澤敏孝（2007）「災害時における情報提供・支援体制と普段からのまちづくり——災害時情報保障委員会の活動から」『季刊福祉労働』115: 49-56
藤野 博・盧憲貞（2010）「知的障害特別支援学校における AAC の利用実態に関する調査研究」『特殊教育学研究』48(3)：181-190
星加良司（2002）「『障害の意味づけと障害者のアイデンティティ——『障害』の否定・肯定をめぐって」『ソシオロゴス』26: 105-120
――――（2007）『障害とは何か——ディスアビリティの社会理論に向けて』生活書院
保積功一（2007）「知的障害者の本人活動の歴史的発展と機能について」『吉備国際大学社会福祉学部研究紀要』12: 11-22
堀永乃編著（2015）『やさしい日本語とイラストでわかる介護の仕事』日本医療企画
堀川直美（2006）「わかりやすい行政用語をめざして」『月刊言語』35(7)：48-53
ボンディ，アンディ・フロスト，ロリ（2006）園山繁樹・竹内康二訳『自閉症児と絵カードでコミュニケーション——PECS と AAC』二瓶社
本間弘子（1999）「もっとわかりやすい情報がほしい——知的障害者の場合」『JD ジャーナル』19（7）：104-105
本間弘子・越永至道（1998）「知的障害者はどのように文字情報を読んでいるか」春山廣輝（1998）『精神薄弱者の社会参加に関する研究』：13-19
ましこ・ひでのり（2001）「言語差別現象論——『言語学の倫理と社会言語学の精神』の確立のために」『社会言語学』1: 3-26
――――（2002）「現代日本語における差別化装置としてのかきことば——漢字表記を中心に」『社会言語学』2: 57-73
――――（2005a）「情報のバリアフリー」真田信治・庄司博史編『事典　日本の多言語社会』岩波書店：33-35
――――（2005b）「言語差別」真田信治・庄司博史編『事典　日本の多言語社会』岩波書店：36-38
――――（2011）「報告書刊行にあたって」『社会言語学別冊』1: 1-4
ましこ・ひでのり 編（2006）『ことば／権力／差別——言語権からみた情報弱者の解放』三元社
ましこ・ひでのり編著（2012）『ことば／権力／差別　新装版——言語権からみた情報弱者の解放』三元社
松浦さと子・川島 隆（2010）『コミュニティメディアの未来——新しい声を伝える経路』晃洋書房
松尾 慎・菊池哲佳・Morris, J.F.・松﨑 丈・打浪（古賀）文子・あべやすし・岩田一

成・布尾勝一郎・高嶋由布子・岡典栄・手島利恵・森本郁代（2013）「社会参加のための情報保障と『わかりやすい日本語』――外国人、ろう者・難聴者、知的障害者の情報保障の個別課題と共通性」『社会言語科学』16（1）: 22-38

松田祥子・磯部美也子（2008）『マカトン法への招待――21世紀のすべての人のコミュニケーションのために』日本マカトン協会

松田陽子（2005）「やさしい日本語」真田信治・庄司博史編『事典 日本の多言語社会』岩波書店: 245-248

松波めぐみ（2003）「『『障害者問題を扱う人権啓発』再考――『個人‐社会モデル』『障害者役割』を手がかりとして」『部落解放研究』151: 45-59

松本敏治（2001）『知的障害者の文理解についての心理学的研究』風間書房

松本了（1999）『知的障害者の人権』明石書店

松矢勝宏（1997）「心身障害児（者）の情報提供に関する研究 第3年度」厚生省心身障害研究『心身障害児（者）の社会参加に関する研究』最終年度研究報告書: 102-127

水内豊和・小林真・森田真一（2007）「読み困難児に対するマルチメディアDAISY教材を用いた指導実践」『LD研究』16(3): 345-354

―――（2008）「マルチメディアDAISYを用いたLD児の学習支援――文章理解に困難のある中学生の事例検討」『富山大学人間発達科学部研究実践総合センター紀要 教育実践研究』2: 23-27

水野義道（2006）「災害時のための外国人向け『やさしい日本語』」『月刊言語』35(7): 54-59

光本聰江（2002）「子どもの成長を支援する日本語教育――日本語と国語の連関指導を通して」『岡山大学教育学部研究集録』121: 133-142

光本聰江・岡本淑明（2006）『外国人・特別支援児童・生徒を教えるためのリライト教材』ふくろう出版

「見てわかる社会生活ガイド集」編集企画プロジェクト編著（2013）『見てわかる社会生活ガイド集』ジアース教育新社

三宅初穂（2009）「中途失聴者・難聴者の情報・コミュニケーションを支える立場から」『季刊福祉労働』123: 68-75

武藤大司・川崎誠司・小林武・杉本幸重・末田統（2010）「知的障害者に分かり易い文章――障害者自立支援法パンフレットに見る分かり易さの工夫」『2010年度兵庫県立福祉のまちづくり研究所報告集』: 135-141

棟方哲弥・山口俊光（2009）「シンボルを用いたニュースの配信に関する実際的研究――SymbolStixを用いたニュースを配信するWebサイトの構築」『国立特別支援教育総合研究所研究紀要』36: 77-96

村越愛策（2014）『絵で表す言葉の世界――ピクトグラムは語る』交通新聞社

森壮也・佐々木倫子編（2016）『手話を言語と言うのなら』ひつじ書房

文部科学省（2018）『特別支援学校幼稚部教育要領・特別支援学校小学部・中学部学習

指導要領・特別支援学校高等部学習指導要領』開隆堂出版
安田敏郎（2013）「『やさしい日本語』の批判的検討」庵 功雄・イ ヨンスク・森 篤嗣編著『『やさしい日本語』は何を目指すか——多文化共生社会を実現するために』ココ出版: 321-341
山内 薫（2008）『本と人をつなぐ図書館員——障害のある人、赤ちゃんから高齢者まで』読書工房
山下栄一・井上洋一（1996）『情報化社会と人権』明石書店
山田肇（2005）「情報アクセシビリティとは何か」山田肇編『情報アクセシビリティ——やさしい情報社会へ向けて』NTT出版: 2-49
山田 肇 編著（2007）『ITがつくる全員参加社会』NTT出版
山田 肇（2008）「情報アクセシビリティをめぐる最近の動向」『電子情報通信学会誌』91(8): 732-736
——————（2011）「公立図書館と情報保障」『社会言語学別冊』1: 21-44
山根律子・池 弘子（1995）「知的障害者への情報伝達に関する予備的検討——災害・安全確保に関わる情報の理解度調査」『つくば国際大学研究紀要』1: 45-56
湯浅千映子（2006）「子ども向け文章の情報の配列——『小学生新聞』を対象に」『文体論研究』52: 41-56
——————（2007）「小学生新聞に見る『言い換え』」『学習院大学国語国文学論誌』50: 87-98
要田洋江（2008）「重度『知的障害』者と呼ばれる人びとへのコミュニケーション支援に関する研究——ファシリテイテッド・コミュニケーション（筆談支援）利用者の社会的障壁」『生活科学研究誌』7: 71-101
吉田右子（2010）『デンマークのにぎやかな公共図書館——平等・共有・セルフヘルプを実現する場所』新評論
ロング，ダニエル・中井精一・宮治弘明 編（2001）『応用社会言語学を学ぶ人のために』世界思想社
渡辺明広（2009）「知的障害高等特別支援学校（特別支援学校高等部）における『流通・サービス』の実施状況についての調査研究」『特殊教育学研究』47(1): 23-35
渡辺 実（2010）「知的障害児における文字・書き言葉の習得状況と精神年齢の関連」『発達心理学研究』21: 169-181
——————（2012）「知的障害児の文字・書きことばの指導における担当教員の意識と指導方法」『花園大学社会福祉学部研究紀要』20: 49-62
Aspis, S.（2002）What they don't tell disabled people with learning difficulties, in Corker,M.,and French,S.（ed.）, *Disability discourse*, Buckingham: Open University Press: 173-182
Coles, J.（2001）The Social Model of Disability; What Does It Mean for Practice in Services for People with Learning Difficulties? *Disability & Society*,16(4): 501-510
Crow, L.（1996）Including All of Our Lives; Renewing the Social Model of Disability, in Morris, J.（ed.）, *Encounters with Strangers; Feminism and Disability*, London: Women's Press: 55-

Cutts, M. (2010) *Oxford Guide to Plain English* (3rd ed.), New York: Oxford University Press
Epp, M.A. (2006) Closing the 95 Percent Gap; Library Resource Sharing for People with Print Disabilities, *Library Trends*, 54(3): 411-429
Feng, L. (2009) Automatic Readability Assessment for People with Intellectual Disabilities, *SIGACCESS Newsletter*, 93: 84-91
Feng, L., Elhadad, N., and Huenerfauth, M. (2009) Cognitively Motivated Features for Readability Assessment, *EACL '09 Proceedings of the 12th Conference of the European Chapter of the Association for Computational Linguistics*, : 229-237
Friedman, M.G., and Bryen, D.N. (2007) Web Accessibility Design Recommendations for People with Cognitive Disabilities, *Technology and Disability*,19: 205-212
Goodley, D., and Moore, M. (2000) Doing Disability Research; Activist Lives and The Academy, *Disability & Society*,15(6): 816-882
Gowers, E. (1987) *The Complete Plain Words*, London: Penguin Reference
Holms, J. (2008) *An introduction to sociolinguistics* (3rd ed.), Harlow: Pearson Education
Huenerfauth, M., Feng, L., and Elhadad, N. (2009) "Comparing Evaluation Techniques for Text Readability Software for Adults with Intellectual Disabilities"*Assets '09 Proceedings of the 11th International ACM SIGACCESS Conference on Computers and Accessibility*, : 3-10
Jaeger, P.T. (2006) Assessing Section 508 Compliance on Federal E-Government Web Sites: A Multi-Method, User-Centered Evaluation of Accessibility for Persons with Disabilities, *Government Information Quarterly*, 23(2): 169-190
Jones, F.W., Long,K., and Finlay,W.M.L. (2006) Assessing the Reading Comprehension of Adults with Learning Disabilities, *Journal of Intellectual Disability Research*, 50(6): 410-418
Lindman, A.M. (2008) *Tips Från Omsorgen; Åtta Sidor Skriftserien*, Stockholm: Centrum för lättläst
Louise, C. A., Goodley, D., and Lawthom, R. (2001) Making Connections: The Relevance of Social Model of Disability for People with Learning Disabilities, British Journal of Leaning Disabilities, 29(2): 45-50
Officer, A., and Posarac, A. (2011) *World Report on Disability*. (＝アラナ・オフィサー、アレクサンドラ・ポサラック 編著、長瀬 修 監訳（2013）『世界障害報告書』明石書店)
Oliver, M. (1990) *The Politics of Disablement*, London: Macmillan publishers. (＝三島亜紀子・山岸倫子・山森亮・横須賀俊司訳（2006）『障害の政治——イギリス障害学の原点』明石書店)
────── (1996) *Understanding Disability; From Theory to Practice*. London: Palgrave Macmillan
Owens, J.S. (2006) Accessible Information for people with complex communication needs, *Augmentative and Alternative Communication*, 22(3): 196-208
Skutnabb-Kangas, T., and Phillipson, R. (1995) *Linguistic Human Rights; Overcoming Linguistic Discrimination*,Berlin and New York: Mouton de Gruyter
Thomas, C. (2002) Disability Theory; Key Ideas, Issues and Thinkers, in Barnes, C., Oliver, M.,

and Barton, L. (ed.) *Disability Studies Today*, Cambridge: Polity Press: 38-57

Tufail, J., and Lyon, K. (2007a) *Introducing Advocacy; The First Book of Speaking Up A Plain Text Guide to Advocacy*, London and Philadelphia: Jessica Kingsley Pub

——— (2007b) *Rules and Standards; The Second Book of Speaking Up A Plain Text Guide to Advocacy*, London and Philadelphia: Jessica Kingsley Pub

——— (2007c) *Listen Up! Speak Up!; The Third Book of Speaking Up A Plain Text Guide to Advocacy*, London and Philadelphia: Jessica Kingsley Pub

Yalon-Chamovitz, S. (2009) Invisible Access Needs of People with Intellectual Disabilities: A Conceptual Model of Practice, *Intellectual and Developmental Disabilities*, 47 (5) : 395-400

Wennström, K. M. (1995) *Å andras vägnar, LL-boken som litteratur-, kultur- och handikappolitiskt experiment, En kommunikationsstudie*. Linköping: Linköpings Universitet

# ■さくいん
(すべて50音読みで載せています)

## 【あ行】

アウトサイダー・アート（アール・ブリュット）　*119*

アクセシビリティ　*39-41, 43, 45, 55, 57, 67, 101, 107*

あべ・やすし　*29, 30, 37, 53, 54, 57, 59, 67, 101, 103, 104, 107, 111, 116, 117, 120*

石川　准（いしかわ　じゅん）　*26, 101, 102, 107*

イージー・トゥ・リード（easy-to-read）　*60, 63, 74*

意思決定支援　*8, 53, 107, 108, 125, 126*

一般社団法人スローコミュニケーション　*125, 126, 132, 137*

医療モデル　*25*

インペアメント（impairment）　*20, 25, 75*

絵カード　*19, 20*

エスヌエス（SNS）　*116, 124*

絵で見る障害学　*26, 37*

エムティーエム（MYNDIGHETEN FÖR TI II GÄNGLIGA MEDIER、MTM）　*63*

絵文字　*19, 20*

エルエルきょうかい（LL協会）　*61, 63, 111*

エルエルブック（LLブック）　*61, 65, 66, 68, 75, 92*

エンパワメント　*52, 61, 63, 64, 66, 82, 109*

オッタ・シドール（8 SIDOR）　*61, 63, 78, 92, 112, 120*

## 【か行】

外国人住民　*49, 94, 100, 110*

ガイドヘルパー　*50, 52*

かどや・ひでのり　*28, 30, 31, 101, 106, 109, 111, 112, 120*

感覚モダリティ　*48, 57*

北九州手をつなぐ育成会　*70, 75*

教育学　*6, 117*

教育の情報化に関する手引き　*46*

近畿視覚障害者情報サービス研究協議会LLブック特別研究グループ　*66, 68, 92*

クラール・ターレ（Klare Tale）　*112, 120*

クレーン現象　*36*

携帯電話　*46, 47, 73, 99, 131*

言語学　*21, 28, 67, 68, 70, 93, 94, 98, 106, 110, 117*

言語権（linguistic human rights）　*27-29, 37*

言語差別　*27, 29-33*

公益財団法人日本障害者リハビリテーション協会　*68, 74, 75*

合科　*22*

厚生労働省　*17, 35, 57, 65*

高度情報通信ネットワーク社会形成基本法（IT基本法）　*41, 56*

合理的配慮（reasonable accommodation）　*5, 9, 39, 40, 42, 55, 67, 71, 121-125, 127, 135*

国語（「こくご」）　*22, 70, 89*

国際障害者年　*39, 64*

国際図書館連盟（The International Federation of Library Associations and Institutions,

さくいん　　155

IFLA）　62, 105

個人モデル　25

コミュニケーション　3, 4, 6-10, 16, 18-22, 24, 26, 27, 30-32, 34, 36, 40, 45, 47, 48, 50-52, 54, 67, 74, 79, 91, 103, 1,8-110, 117-119, 121-126, 133

　——カード　19, 20

　——支援　4, 35, 39, 45, 51, 57, 64, 118, 121, 124

　——ボード　18, 20, 122

コミュニティメディア　115

【さ行】

視覚障害　26, 30, 31, 33, 41, 45, 48, 55, 59, 101, 111, 113, 120

自己決定　25, 46, 51, 65, 103, 107, 118, 124, 126

自閉症スペクトラム障害　6, 19, 21, 35, 36, 117

社会言語学　16, 27-29, 34, 96, 103, 106, 116

社会福祉　6, 58, 109

社会福祉学　6-8, 49-51, 103, 107, 117

社会モデル　24-27, 34, 37, 101

手話（日本手話、手話言語）　21, 31, 37, 115

手話言語条例　37

障害学　9, 24-26, 34, 37, 44, 52, 75, 103

障害児教育　19, 21, 22, 44

障害者基本法　42, 43, 56, 74

障害者虐待の防止、障害者の養護者に対する支援等に関する法律（障害者虐待防止法）　82

障害者・高齢者等情報処理機器アクセシビリティ指針　41, 55

障害者サービス　113, 114

障害者自立支援法　35, 65

障がい者制度改革推進会議　123

障害者等対応情報機器開発普及推進委員会　41

障害者の権利に関する条約（障碍者権利条約）　37, 40, 67, 74

障害者白書　43, 44, 57

障害者役割　32

障害を持つアメリカ人法（Americans with Disabilities Act, ADA）　39

障害を理由とする差別の解消の推進に関する法律（障害者差別解消法）　5, 37, 42, 121, 122

小学生新聞　95

常とう語　71, 72, 87, 97

情報

　——アクセシビリティ　44, 67

　——アクセス　3, 26, 27, 34, 40-45, 47, 49, 51, 56, 57, 59, 61, 67, 73, 96, 102

　——格差　5, 42, 45, 46, 92

　——機器　20, 31, 38, 40, 41, 43-48, 55, 57, 102, 104, 105, 116

　——教育　6, 46, 57

　——弱者　42, 43, 45

　——支援　4, 26, 33, 50, 51, 57

　——通信技術　40, 42, 56

　——のユニバーサルデザイン　100-104, 108-112, 116, 119

　——バリアフリー　43-47, 49, 56, 57, 93, 131

　——保障　7, 9, 26, 35, 37, 39, 42, 44, 46-50, 53, 54, 57-59, 63, 67, 68, 73, 78, 103, 109-111, 114, 119, 120, 123, 126

書記日本語　31, 37, 120

人権モデル　37, 40, 55

シンボル　19, 20, 72

スウェーデン　25, 61, 78, 111, 112, 120

杉野　昭博（すぎの　あきひろ）　25, 26,

37, 52, 102
ステージ　9, 32, 66, 70, 74, 78-83, 87-92, 95, 98-101, 106, 111, 112, 124, 126, 132
スマートフォン　46, 99, 100, 116, 131
墨字　30, 37, 113, 120
生活年齢　79, 96,
セルフ・アドボカシー　10, 64, 74
全日本手をつなぐ育成会（全国手をつなぐ育成会連合会）　9, 65, 74, 78, 124, 126, 132
総務省　46
ソーシャルスキルトレーニング（SST）　36

【た行】

第一言語　18, 28, 30, 31, 36, 37, 62, 64, 89, 98
第二言語　28, 30, 31
代読　3, 61, 113
代筆　3, 58, 60, 113
タブレットPC　46, 100, 105, 116
多文化共生　110
ディーエスエム（DSM）　16, 17, 35
ティーチ（TEACCH）　6
聴覚障害　31, 33, 37, 48, 49, 110, 111, 114, 120
知的障害者福祉法　17, 35
知能指数（Intelligence Quotient, IQ）　16, 17, 22, 35, 36
通訳　50, 52
定時制高校　92
ディスアビリティ　25, 29, 52
ディスレクシア　23, 31
デジタル・デバイド　41, 44, 57
点字　30, 37, 40, 48
電子書籍　40, 104, 105
東京都手をつなぐ育成会　90
読書権保障協議会　113, 114
特別支援学校教育要領・学習指導要領　22

特別支援教育　6-8, 20, 22, 68, 69, 93
どり〜む通信　90

【な行】

内閣府　44, 57, 65, 72, 123
難聴者　110
日常生活能力　17, 18
日本語教育学　103
認知障害（cognitive disabilities）　74
ニュースウェブイージー（NEWS WEB EASY）　93, 98, 99, 106

【は行】

配慮の平等　26, 101
パソコン　46, 47, 57, 73, 99, 100, 105, 131
発達心理学　21, 22, 35, 118
発達障害　19, 20, 23, 26, 35, 36, 40, 56, 67, 74, 105, 111
パンジーメディア　115
阪神・淡路大震災　49, 93, 110, 115
ハンドサイン　21
東日本大震災　74, 91, 96, 115
ピクトグラム　19, 20, 26, 36
非日本語話者　28, 49, 74, 92, 93, 96
ファシリテイテッド・コミュニケーション（筆談支援、FC支援）　53, 54, 58
複合差別　33, 38, 117
福祉サービス　5, 17, 45, 64, 109, 122
福祉情報　49
福祉情報工学　44
不当な差別的取扱い　42, 121
プリント・ディスアビリティ（Print Disabilities）　59, 60, 92
プレーン・イングリッシュ（Plain English）　63

補助・代替コミュニケーション（Augmentative and Alternative Communication, AAC）　*6, 20*

本人活動　*4, 10, 75, 82, 116, 132*

【ま行】

マカトン・サイン（マカトン法）　*21*

ましこ・ひでのり　*28-30, 42, 45, 101*

マルチメディア DAISY（マルチメディアデイジー、Digital Accessible Information SYstem）　*75, 104, 105*

メンキャップ（Mencap）　*63*

文字情報センター　*120*

文部科学省　*22, 46, 57*

【や行】

やさしい日本語　*9, 64, 74, 90, 92-94, 96-101, 106, 110, 133*

「やさしい日本語」作成のためのガイドライン　*106*

ユニバーサルデザイン　*101, 102, 104, 102, 107*

要約筆記　*50*

抑圧　*28, 31-33, 49, 52, 55, 58, 101, 104, 120*

読み書き支援　*113, 114*

【ら行】

療育手帳　*36, 83, 89, 91*

リハビリテーション　*24*

リハビリテーション法第508条　*39*

リライト　*50, 70, 71, 89, 93, 123*

レットレスト（lättläst）　*61*

ろう（ろう者）　*31, 32, 37, 48, 52, 94, 110, 115, 120*

ろう文化宣言　*37*

【わ行】

分かち書き　*70, 95-97, 99, 106*

わかりやすい情報センター　*111, 112, 114*

わかりやすい情報提供のためのガイドライン　*71*

本書のテキストデータを提供いたします

　本書をご購入いただいた方のうち、視覚障害、肢体不自由などの理由で書字へのアクセスが困難な方に本書のテキストデータを提供いたします。希望される方は、以下の方法にしたがってお申し込みください。

◎データの提供形式＝CD-R、フロッピーディスク、メールによるファイル添付（メールアドレスをお知らせください）。

◎データの提供形式・お名前・ご住所を明記した用紙、返信用封筒、下の引換券（コピー不可）および200円切手（メールによるファイル添付をご希望の場合不要）を同封のうえ弊社までお送りください。

●本書内容の複製は点訳・音訳データなど視覚障害の方のための利用に限り認めます。内容の改変や流用、転載、その他営利を目的とした利用はお断りします。

◎あて先
〒160-0008
東京都新宿区三栄町17-2 木原ビル303
生活書院編集部　テキストデータ係

【引換券】
知的障害のある人たちと
「ことば」

［著者略歴］

# 打浪文子
うちなみ・あやこ

奈良女子大学大学院人間文化研究科博士後期課程社会生活環境学専攻　単位取得満期退学、博士（学術）。

国立障害者リハビリテーションセンター研究所障害福祉研究部流動研究員、淑徳大学短期大学部こども学科講師・准教授を経て、2021年4月より立正大学社会福祉学部准教授。一般社団法人スローコミュニケーション副理事長。

主要著書に、『行動する社会言語学──ことば／権力／差別Ⅱ』（共著、三元社）

主要論文に、古賀文子（2006）「『ことばのユニバーサルデザイン』序説──知的障害児・者と言語的諸問題の様相から」『社会言語学』6: 1-17、打浪（古賀）文子（2014）「知的障害者へのわかりやすい情報提供に関する検討──『ステージ』の実践を中心に」『社会言語科学』17（1）：85-97、打浪文子・岩田一成・熊野正・後藤功雄・田中英輝・大塚裕子（2017）「知的障害者向け『わかりやすい情報提供』と外国人向け『やさしい日本語』の相違──『ステージ』と『NEWSWEB EASY』の語彙に着目した比較分析から」『社会言語科学』20: 29-41 など。


## 知的障害のある人たちと「ことば」
──「わかりやすさ」と情報保障・合理的配慮

| | |
|---|---|
| 発　行 | 2018年11月25日　初版第1刷発行 |
| | 2023年3月15日　初版第2刷発行 |
| 著　者 | 打浪文子 |
| 発行者 | 髙橋　淳 |
| 発行所 | 株式会社　生活書院 |
| | 〒160-0008 |
| | 東京都新宿区四谷三栄町6-5 木原ビル303 |
| | ＴＥＬ 03-3226-1203 |
| | ＦＡＸ 03-3226-1204 |
| | 振替 00170-0-649766 |
| | http://www.seikatsushoin.com |
| 印刷・製本 | シナノ印刷株式会社 |

Printed in Japan
2018 © Uchinami Ayako
ISBN 978-4-86500-088-7

定価はカバーに表示してあります。乱丁・落丁本はお取り替えいたします。